Estudiando Juntos

Manual de Referencia Biblica

Por
Mark Finley
del Programa
Televisivo Internacional
It Is Written (''Así Está Escrito'')
Thousand Oaks, California

Una publicación del
Centro de Investigación Hart

Otro recurso evangelístico distribuido por
Hart Research Center
P.O. Box 2377
Fallbrook, CA 92088

Director del proyecto:	Richard Dower
Redactora, diseñadora:	Nadine Dower
Traductor:	Miguel A. Valdivia

Litografía hecha en los EE. UU. de Norteamérica
Impreso por Pacific Press Specialty Printing

ISBN 1-878046-07-1

Tabla de Contenido

Estudios Bíblicos que Usted Puede Dar

**Entendiendo a las Iglesias, Denominaciones
y a otros Grupos Religiosos**

Prefacio

Usted tiene en sus manos una mina de oro de información. Para el momento de esta impresión, Mark Finley ha sido seleccionado como el próximo orador del programa televisivo internacional *It Is Written* (''Así Está Escrito''). Si hay algo que sobresale sobre todo lo demás en su ministerio alrededor del mundo, es su pasión por ganar almas para Cristo. La información que comparte en este libro de referencia está basada sobre experiencias probadas en la proclamación del Evangelio a miles de personas en las grandes ciudades de Norteamérica, Europa Oriental y Occidental, el Medio Oriente y Asia.

Recuerde que la información, por sí sola, puede ser peligrosa. De hecho, se perjudican los propósitos divinos cuando se la presenta de una manera fuerte y argumentativa. Pero permita que esta información se combine con una vida completamente rendida a Jesucristo. Entonces añada oración intercesora y ferviente a favor del derramamiento del Espíritu Santo con el poder de la lluvia tardía. A medida que se extiende, el impacto sobre nuestro mundo será mayor que el Pentecostés y nuestro Señor vendrá.

Es mi oración que una pasión por la ganancia de almas también se convierta en la fuerza motivadora de su vida.

Daniel F. Houghton
Director Ejecutivo
Centro de Investigación Hart

Introducción

Cómo usar este Manual con la mayor eficacia

Este Manual de la Biblia está especialmente diseñado para ayudarle en el estudio de las preciosas verdades Cristocéntricas de la Biblia con sus amigos y vecinos. Se divide en tres secciones principales:

1. Una serie de estudios bíblicos doctrinales seguidos por preguntas que se hacen comúnmente acerca de esa doctrina, y sus respuestas de las Escrituras.

2. Una serie de lecciones bíblicas prácticas para enfrentar los problemas diarios de la vida.

3. Una descripción breve de varios grupos y denominaciones religiosas con sugerencias para un acercamiento en el Espíritu de Cristo.

Puede usar este librito como la base para una serie de estudios bíblicos o como una ayuda suplementaria para los estudios que ya está usando. Contiene cientos de citas bíblicas. Sus respuestas claras y bíblicas le darán abundancia de material para estudiar con otros. La Palabra de Dios contiene un poder que transforma la vida. El mismo Espíritu Santo que inspiró la Biblia lo acompañará mientras presenta a otros sus preciosas verdades. Obrando a través de usted, el Espíritu aplicará las verdades de las Escrituras a las vidas de otros. Podrá sentirse incapaz, pero el Espíritu Santo será su eficacia. Podrá sentirse ignorante, pero el Espíritu Santo será su sabiduría. Podrá sentirse débil, pero el Espíritu Santo será su fortaleza. Está escrito: "No tiene límite la utilidad de aquel que, poniendo el yo a un lado, deja obrar al Espíritu Santo en su corazón, y vive una vida completamente consagrada a Dios" (*El Deseado de todas las gentes*, p. 216). El Espíritu de Dios lo recompensará ricamente al entrar en la tarea más maravillosa del mundo: estudiar la Biblia con otros. Habrá almas en el reino de Dios como resultado directo de su ministerio. *Estudiando juntos* es sólo una herramienta. *Usted* es el ingrediente clave que nuestro Señor desea utilizar para ganar almas; su Espíritu lo capacitará para hacerlo.

Sección I

Estudios bíblicos que usted puede dar, con respuestas específicas a algunas de las preguntas más comunes

Esta sección contiene 32 estudios bíblicos doctrinales. Cada estudio presenta un aspecto de la verdad bíblica. Los textos se relacionan de una manera sistemática de manera que cada eslabón de la cadena de verdad se acopla cuidadosamente con el eslabón precedente. Resúmenes de los textos siguen a cada cita para permitirle saber claramente cuál es el contenido del texto.

Correctamente entendidas, las doctrinas de la Biblia son claras. Los pasajes equívocos siempre deben armonizarse con aquellos que son sencillos. Ninguna doctrina de la Biblia puede basarse en un solo texto: para entender la verdad bíblica debe considerarse la totalidad de las Escrituras. Encontrará respuestas bíblicas directas inmediatamente después de cada estudio bíblico.

Sección II

Cristianismo práctico: respuestas para los problemas más íntimos

Los problemas de la vida encuentran respuestas prácticas en la Palabra de Dios. Esta sección provee respuestas divinas para nuestras dificultades diarias. Revelan a un Cristo que no está muy lejos, sino uno que está a la mano: un Cristo que se interesa en nosotros y que es capaz de resolver nuestros problemas cotidianos.

Sección III

Entendiendo las denominaciones, las iglesias y otros grupos religiosos

Esta sección presenta un breve trasfondo de cada grupo; se discuten sus enseñanzas principales y se dan sugerencias prácticas en cuanto a cómo alcanzar personas en ese grupo particular. Debido a que este es un manual *bíblico*, y no una obra enciclopédica sobre las religiones del mundo, hemos sido intencionalmente breves. He diseñado estos comentarios de manera que sean concretos, específicos, prácticos y fáciles de seguir al compartir a Jesús y su verdad con sus amigos. Mi oración es que esta sección le permita entender la esencia de lo que cree cada grupo y lo guíe para alcanzarlos para Cristo.

Mark Finley
It Is Written (''Así Está Escrito'')
Programa Televisivo Internacional

Estudios bíblicos que usted puede dar

Con respuestas específicas para algunas de las preguntas más comunes

2 Ped. 1:21	Hombres santos de Dios hablaron al ser inspirados por el Espíritu Santo.
2 Tim. 3:16	Toda Escritura es inspirada por Dios.
Sal. 119:160	La Palabra de Dios es verdadera desde el principio.
Sal. 12:6-7	Dios ha preservado su Palabra a través de los siglos.
Mat. 24:35	La Palabra de Dios es eterna.
Rom. 15:4	Uno de los propósitos de la Palabra de Dios es darnos esperanza.
2 Tim. 3:15	Las Escrituras nos hacen sabios para salvación.
Juan 5:39	Las Escrituras revelan a Jesús como el Salvador.
2 Tim. 2:15	Debemos usar bien la palabra de verdad.
Juan 16:13	Jesús ha enviado a su Santo Espíritu para guiarnos a toda verdad.
1 Cor. 2:13	Dios nos guiará mientras abrimos nuestros corazones a la influencia del Espíritu y comparamos cosas espirituales con cosas espirituales.
Isa. 28:9-10	Al comparar escritura con escritura, descubriremos la verdad.
Juan 17:17	La Palabra de Dios contiene la verdad.
Juan 7:17	Si nos acercamos a la Palabra de Dios con una mente abierta, él nos dirigirá. *(Vea Apoc. 22:18-20.)*

Información General sobre la Biblia

La Biblia contiene 66 libros escritos por 44 autores. Fue escrita durante un período de 1.500 años.

La evidencia a favor de la inspiración de la Biblia incluye:

Profecía. Vea lo siguiente: Babilonia *(Isa. 13:19-22)*, Tiro *(Eze. 26:3-5)*, Sidón *(Eze. 28:21-23)*, Ciro *(Isa. 44:28; 45:1)*, Medo-Persia y Grecia *(Dan. 8:20-21)*, y el lugar del nacimiento de Jesús *(Miq. 5:2)*.

Arqueología. La *Piedra Moabita*, descubierta en 1868 en Dibón, Jordania, confirmó los ataques moabitas sobre Israel, tal como se los registra en *2 Reyes 1 y 3*.

Las cartas de Laquis, descubiertas entre 1932 a 1938, a unos 40 km de Beerseba, describen el ataque de Nabucodonosor a Jerusalén en 586 a. C.

Los rollos del Mar Muerto fueron descubiertos en 1948. Se remontan a los años 150 a 170 a. C. y contienen casi todo el Antiguo Testamento excepto el libro de Ester. Confirman la exactitud de la Biblia.

El cilindro de Ciro registra la derrota de Babilonia de parte de Ciro y la liberación posterior de los cautivos judíos.

La Piedra Roseta, descubierta en 1799 en Egipto, por los sabios de Napoleón, estaba escrita en tres idiomas: jeroglífico, demótico y griego. Reveló el misterio de los jeroglíficos y esto confirma la autenticidad de la Biblia.

Unidad Cohesiva. Otra de las evidencias a favor de la inspiración divina de la Biblia es la de su unidad y coherencia. En más de 3.000 pasajes, la Biblia se declara a sí misma como inspirada *(2 Ped. 1:21)*. No se contradice a sí misma. O es inspirada por Dios o es un fraude.

Exactitud. Es inconcebible que un libro tan exacto a través de los siglos pueda ser menos que inspirado por Dios.

Cristo revelado. La mayor evidencia de la inspiración de la Biblia está en la persona de Cristo que se revela en sus páginas y en los cambios que ocurren en aquellos que la estudian *(vea Juan 5:39; Hech. 4:12; Mat. 11:26-28)*.

Dios (Un Carácter de Amor)

Sal. 90:2	Desde el siglo y hasta el siglo (eterno).
Dan. 2:20	Todopoderoso y omnisapiente.
Dan. 2:21	Quita y pone reyes.
Isa. 46:10	Declara el fin desde el principio.
Isa. 45:21	Sólo él tiene la habilidad de revelar el futuro.
Sal. 33:6, 9	Es el Creador todopoderoso *(Gén. 1:1)*.
Exo. 34:6-7	Tardo para la ira, misericordioso y piadoso.
Jer. 31:3	Nos atrae con amor y bondad.
Sal. 24:1	El Dueño de todo el mundo.
Sal. 19:1	Aún los cielos declaran su gloria.
Sal. 34:1-4	Nos invita a alabarlo y nos librará de nuestros temores.
Isa. 41:10	Promete fortalecernos en todas nuestras dificultades.
Isa. 43:1-3	Promete estar con nosotros en las aguas profundas y entre las llamas de las pruebas.
Heb. 13:5	Promete nunca dejarnos o desampararnos.

El Origen del Mal

1 Juan 4:8	Dios es amor.
Mat. 13:24-28	Un enemigo de Dios y del hombre siembra cizaña en el campo del mundo.
Eze. 28:12-17	Lucifer fue un hermoso ángel creado por Dios con libre albedrío, cuyo orgullo lo llevó a rebelarse.
Isa. 14:12-14	Lucifer decidió exaltar su trono sobre el de Dios. Decidió hacer leyes en vez de observarlas.
Apoc. 12:7-9	Estalló la guerra en el cielo. Satanás y sus ángeles lucharon contra Jesús y sus ángeles.
Luc. 10:18	Satanás fue arrojado del cielo.
Gén. 1:27-31	Dios creó al hombre a su imagen y lo colocó en un magnífico hogar edénico.
Gén. 3:1-7	Satanás logró que Adán y Eva desconfiaran de Dios y desafiaran abiertamente su autoridad.
Isa. 59:1-2	El pecado nos separa de Dios.
Rom. 6:23	El resultado final de la desobediencia es la muerte.
Jer. 17:9	La naturaleza de la raza humana cambió debido a la desobediencia y se convirtió en una naturaleza pecaminosa.
Rom. 5:12; 6:16	Toda la raza humana sucumbió a la culpa, la desobediencia y el pecado.
Heb. 2:14-17	Jesús tomó la naturaleza humana; enfrentó las tentaciones humanas, y fue victorioso.

Rom. 5:17-19	Jesús venció donde Adán fracasó.
Rom. 3:24-25	A través de Jesús obtenemos la salvación como un obsequio.
Isa. 41:13	Jesús está con nosotros en todos nuestros problemas. Nos consuela en todos nuestros quebrantos.
Eze. 28:17-18	Satanás será completamente destruido al final.
Apoc. 21:1-5	Nuestro Dios establecerá cielos nuevos y una tierra nueva.
Nah. 1:9	El pecado no volverá a levantarse.

Profecías Mesiánicas

Miq. 5:2	Lugar de nacimiento: Belén *(Luc. 2:1-7).*
Isa. 7:14	Nacimiento virginal *(Mat. 1:23).*
Gén. 49:8-10	La descendencia de Jesús a través de Judá *(Luc. 1:30-32).*
Núm. 24:17	Una estrella se levantaría de Judá *(Mat. 2:1-2).*
Isa. 61:1-3	Se predice el ministerio del Mesías *(Luc. 4:16-21).*
Sal. 55:12-13	Traicionado por un amigo *(Mat. 26:47-50).*
Zac. 11:12-13	Vendido por 30 piezas de plata, dinero usado para comprar el terreno de un alfarero *(Mat. 27:3-9).*
Isa. 53:4-7	Llevado como cordero al matadero *(Juan 1:29; Hech. 8:32-35).*
Sal. 22:16	Las manos y pies de Jesús serían atravesados. No sería apedreado *(Luc. 23:33; 24:39).*
Sal. 22:18	Los vestidos serían repartidos, y echarían suertes por su manto *(Mat. 27:35).*
Sal. 22:1	Las últimas palabras de Jesús: "Dios mío, Dios mío, ¿por qué me has desamparado?" *(Mat. 27:46).*
Sal. 34:20	Ni un hueso sería roto *(Juan 19:36).*
Isa. 53:9	Sería enterrado en la tumba de un hombre rico *(Mat. 27:57-60).*
Sal. 16:10	Resucitaría de la muerte *(Mat. 28:2-7).*

La Divinidad de Cristo

Mat. 1:23	Emanuel es "Dios con nosotros".
Juan 1:1	El Verbo era Dios (*vers. 14*), el Verbo (Jesús) se hizo carne.
Juan 17:5, 24	Jesús existió con el Padre antes de la fundación del mundo.
Juan 8:58	Jesús declaró su preexistencia: el "Yo Soy" existió antes que Abrahán.
Exo. 3:14	"Yo Soy" es el nombre de Dios.
Luc. 5:20-24	Jesús perdonó pecados, sólo Dios puede hacer eso.
Juan 20:28	Tomás testificó que Cristo era Señor y Dios.
Heb. 1:5-9	El Padre llamó a su Hijo Dios.
Isa. 9:6	Jesús es "Dios fuerte, Padre eterno, Príncipe de paz".
Miq. 5:2	Las "salidas" de Cristo son desde los días de la eternidad.
1 Tim. 6:15-16	Jesús tiene inmortalidad.
Apoc. 1:17-18	Jesús es el primero y el último y tiene las llaves del sepulcro.
Fil. 2:5-12	Jesús voluntariamente rinde sus privilegios divinos para convertirse en nuestro Salvador.

Una Pregunta Común acerca de la Divinidad de Cristo

¿Acaso la Biblia no enseña que Jesús era el "primogénito" de toda la creación, y que como tal era un ser creado que no coexistió con el Padre desde la eternidad?

El texto en cuestión es *Col. 1:15*. La palabra griega que aquí se utiliza para primogénito es *prototokos*, la que significa el preeminente: el que tiene los privilegios y las prerrogativas de Dios. Jesús es primer nacido —no en el sentido del tiempo— sino en el sentido de privilegio. Todos los privilegios del primogénito eran suyos. David era el octavo hijo de Isaí, no obstante se lo llamó el primogénito *(Sal. 89:27)*. Jesús declaró: "Antes que Abraham fuese, yo soy" *(Juan 8:58)*, refiriéndose a que él existía por sí mismo. Isaías lo llamó el "Padre eterno" *(Isa. 9:6)*. Miqueas declaró que su origen está en la eternidad *(Miq. 5:2)*. Juan afirma: "En el principio era el Verbo, y el Verbo era con Dios, y el Verbo era Dios" *(Juan 1:1)*. Jesús tenía el privilegio y las prerrogativas de Dios. Pensó que la igualdad con Dios no era algo a lo cual aferrarse mientras el mundo se perdía, así que voluntariamente dejó el cielo para convertirse en un hombre. Habitó en carne humana, luchó contra la tentación como nosotros, y venció en nuestro lugar *(Fil. 2:5-11; Heb.2:14, 17)*.

La Salvación

1 Juan 4:8-9	Dios es amor. El amor lo impulsó a redimirnos.
Gén. 1:27-31	Dios creó a los seres humanos a su imagen.
Gén. 3:8	El pecado destruye nuestra comunión con Dios de manera que huimos de él.
Rom. 3:23	Todos han pecado y están bajo la penalidad de la muerte.
Rom. 5:18-19	Adán trajo la muerte. Jesús trajo la vida.
Gál. 3:13	Jesús llevó nuestra maldición.
Heb. 2:8-9	Jesús experimentó la muerte por nosotros.
2 Cor. 5:21	Jesús fue hecho pecado (cargó la culpa por nosotros).
Hech. 3:19	Necesitamos arrepentirnos, para ser perdonados.
1 Juan 1:9	Cuando confesamos, él nos perdona.
Rom. 8:1	Al recibir a Jesús, ya no somos condenados.
Efe. 2:8	Somos salvos por gracia, por medio de la fe.
Juan 1:12	Al recibir a Jesús por la fe, llegamos a ser hijos de Dios.
1 Juan 5:11-13	Creyendo en él, recibimos el don de la vida eterna.
Juan 3:16	La salvación es una experiencia presente y un don de Dios para todos los que creen.

Una Pregunta Común acerca de la Salvación

¿Acaso la Biblia no enseña que una vez que usted se allega a Jesús, jamás podrá perder la salvación? *Juan 10:28* dice: "Y yo les doy vida eterna; y no perecerán jamás, ni nadie las arrebatará de mi mano".

Al venir a Jesús, aceptar su perdón por la fe y recibir su gracia, recibimos el don de la vida eterna *(Efe. 2:8; Rom. 3:22-25)*. La salvación es un regalo. No es algo que ganamos por nuestra obediencia. La salvación es por gracia por medio de la fe. Cuando el carcelero de Filipos preguntó: "¿Qué debo hacer para ser salvo?" Pablo contestó: "Cree en el Señor Jesucristo, y serás salvo, tú y tu casa" *(Hech. 16:30-31)*. Creer es una función de la voluntad. La misma mente que escoge creer, puede escoger no creer, y la incredulidad conduce a la muerte espiritual *(Heb. 3:12-14)*. Si no mantenemos nuestra confianza en Dios hasta el fin, desarrollaremos un corazón incrédulo. "El que persevere hasta el fin, éste será salvo" *(Mat. 24:13)*. Somos salvos sólo si recordamos lo que fue predicado y vivimos la vida de fe *(1 Cor. 15:1-2)*. Siempre es posible regresar a la antigua vida de pecado, hacer que nuestros nombres sean borrados del Libro de la Vida y resultar perdidos para siempre *(2 Ped. 2:19-22; Apoc. 3:5; 1 Cor. 9:27)*. La palabra que Pablo usa para "eliminado" en *1 Corintios 9:27*, es la misma palabra que se usa en *Jeremías 6:30* para aquellos que se quemarán y se perderán finalmente. En *Juan 10:28*, se nos dice que cuando aceptamos a Jesús recibimos la vida eterna. De la misma manera en que su llegada al corazón por la fe trae vida, nuestra incredulidad trae muerte espiritual. No podemos dejar de ser nacidos, pero sí podemos morir. Nada puede sacarnos de sus manos, excepto por nuestra propia decisión.

La Confesión y el Perdón

Miq. 7:18-19	Dios perdona gustosamente.
Heb. 8:12	Dios no se acuerda más de nuestro pecado.
Hech. 3:19	El borra nuestras transgresiones.
1 Juan 1:9	El perdona libremente.
Isa. 44:22	Como a una nube, él deshace nuestras transgresiones.
Isa. 43:25	Dios no recordará nuestro pecado.
Sal. 32:1	El perdón produce felicidad.
Isa. 55:7	Dios perdona abundantemente.
Neh. 9:17	Aun cuando somos rebeldes, él está dispuesto a perdonar.
Col. 1:14	El perdón es parte integral del mismo carácter de Dios.
Sal. 103:3	El perdón de Dios es completo. El perdona todas nuestras iniquidades.
Luc. 7:47	El perdona nuestros muchos pecados.
Efe. 4:32	Nosotros nos perdonamos unos a otros porque él nos ha perdonado.
2 Cor. 2:7-9	Ser semejantes a Cristo significa perdonar.

El Futuro de Europa Revelado

Dan. 2:1	Nabucodonosor tiene un sueño que no puede recordar.
Dan. 2:2-11	Los sabios del rey fueron incapaces de hacerle recordar el sueño o de explicarlo.
Dan. 2:16	Daniel pide tiempo para orar.
Dan. 2:21-23	Dios revela el sueño a Daniel.
Dan. 2:28	Hay un Dios en los cielos quien revela los misterios.
Dan. 2:29-30	El sueño revela lo que ocurrirá después.

El Sueño Revelado

Dan. 2:31	Una gran imagen.
Dan. 2:32-36	Cabeza de oro, pecho y brazos de plata, muslos de bronce, piernas de hierro, pies de hierro y barro. Una piedra destruye a la imagen.

El Sueño Interpretado

Dan. 2:36	Dios y Daniel "diremos" la interpretación.
Dan. 2:38	Nabucodonosor: "Tú eres aquella cabeza de oro". El Imperio Babilónico gobernó al mundo desde el año 605 a. C. al 539 a. C.
Dan. 2:39	Otro reino inferior al tuyo.
Dan. 5:28, 30-31	Los medos y persas conquistaron a los babilonios.
Isa. 44:27-28; 45:1	La sorprendente predicción de que Ciro, general de Medo-Persia, atacaría y derrotaría a

	Babilonia, permitiendo que el pueblo de Dios escapara. (Esta profecía se hizo más de 100 años antes de su cumplimiento.)
Dan. 2:39	*(Ultima parte)* Un tercer reino de bronce.
Dan. 8:20-21	Grecia conquistó a Medo-Persia. (Esta profecía se hizo 200 años antes de su cumplimiento.) Los medos y los persas reinaron desde 539 a. C. hasta 331 a. C. Los griegos gobernaron desde 331 hasta 168 a. C.
Dan. 2:40	El cuarto reino fuerte como el hierro representa a Roma. Roma gobernó desde 168 a. C. hasta 351 d. C.
Dan. 2:41	El Imperio Romano será dividido. ¡Así sucedió! El imperio dividido sería en parte fuerte y en parte débil.
Dan. 2:43	Reyes y reinas de Europa intentan unir los países europeos por medio de matrimonios, esfuerzos políticos o la guerra.
Dan. 2:44	Dios finalmente establece su reino.
Dan. 2:45	La Piedra cortada no con mano es el reino de Jesús.
Sal. 2:8-9	Los paganos son destruidos.
Tito 2:11-13	Una bienaventurada esperanza y una aparición gloriosa.

La Segunda Venida (su Forma)

Juan 14:1-3   Jesús prometió que regresaría.

Hech. 1:9-11   Los ángeles confirmaron su promesa y testificaron de su veracidad.

Jud. 14   Enoc, el séptimo desde Adán, profetizó el regreso del Señor.

Sal. 50:3   David declara "vendrá nuestro Dios". Hay más de 1.500 profecías de la segunda venida de Jesús registradas en la Biblia. Por cada profecía de su primera venida mencionada en el Antiguo Testamento, hay ocho que predicen su segunda venida. El regreso de nuestro Señor se menciona una vez por cada cinco versículos en el Nuevo Testamento.

Apoc. 1:7   Cuando Jesús regrese todo ojo le verá.

Mat. 24:27   Su regreso será como un relámpago que cruza el cielo.

1 Tes. 4:16-17   Será un evento audible. Los justos muertos serán resucitados, y junto con los justos vivos serán llevados al cielo.

1 Cor. 15:51-54   Dios vestirá a su pueblo con inmortalidad.

Mat. 16:27   Su regreso será un evento glorioso. El viene con su recompensa.

Apoc. 6:14-17   Los impíos temen su venida y claman para que las rocas caigan sobre ellos.

Mat. 13:37-43	Los impíos serán eliminados del reino por medio del fuego, y los justos serán salvos por la eternidad.
Isa. 25:9	Los justos se alegran al ver su venida. Con gozo exclaman: ''He aquí, éste es nuestro Dios...''
Apoc. 19:11-16	Jesús regresa triunfante como Rey de reyes, dirigiendo los ejércitos del cielo.
Tito 2:13	Su venida es llamada la ''Esperanza Bienaventurada'' de una humanidad perdida.
Apoc. 22:11-12; 17-20	La invitación final de Jesús a prepararse para su pronto regreso.

Preguntas Comunes acerca de la
Segunda Venida de Jesús

¿No regresará Jesús en secreto? ¿No dice la Biblia que, "Estarán dos en el campo; el uno será tomado, y el otro será dejado"? *(Mat. 24:40).*

La Biblia muestra claramente que la venida de Jesús no es un evento secreto *(Apoc. 1:7; Sal. 50:3; 1 Tes. 4:16-17; Mat. 24:27).* Cuando la Biblia habla de aquellos que son dejados, no dice que serán dejados vivos sobre la tierra. El pasaje más extenso de *Lucas 17:26-37* describe el evento en detalle. En los días de Noé hubo dos grupos, "uno fue tomado (salvado), el otro dejado (destruido por el diluvio) *vers. 27.* En los días de Lot hubo dos grupos (uno fue sacado de la ciudad y salvado, el otro permaneció en la ciudad y fue consumido por el fuego). Ocurrirá lo mismo cuando Jesús regrese *(Luc. 17:30-37).* Un grupo será llevado al cielo con Jesús, y el otro grupo será destruido. En *Lucas 17:37,* se hace la pregunta: "¿Dónde, Señor?" La respuesta de la Biblia es clara: "Donde estuviere el cuerpo, allí se juntarán también las águilas". *Apocalipsis 19:11-18* aclara el hecho de que los impíos son destruidos cuando Jesús regresa (vea también *2 Tes. 1:7-9; 2:8).*

¿No enseña la Biblia que Jesús vendrá como un ladrón? *(1 Tes. 5:2).*

Cada referencia bíblica a la venida de Jesús como ladrón, se hace en relación con lo inesperado que es el momento de la venida, no con la forma en que vendrá. El viene en secreto como un ladrón, inesperadamente como un ladrón, pero rodeado del esplendor de su gloria triunfante *(ver Mat. 24:42-44; 1 Tes. 5:1-5; Mat. 24:27).*

¿Vivirá el pueblo de Dios durante la tribulación futura, o serán raptados antes de la tribulación?

Las experiencias del antiguo Israel fueron ejemplos dados por Dios para su pueblo que estará vivo en el fin del tiempo. De la misma manera en que Israel fue librado del cautiverio egipcio después de las plagas, así la Iglesia de Dios será protegida en medio de las plagas y será librada de la mano del opresor *(1 Cor. 10:11; Sal. 91; 46)*. Sadrac, Mesac y Abednego fueron lanzados en las llamas cuando se negaron a ceder al decreto de muerte universal del rey de Babilonia. En medio de esas llamas Dios milagrosamente los libró. Su fe que desafiaba la misma muerte se enfrentó a las llamas *(Dan. 3:16-28)*. El viene como un ladrón después de las plagas *(Apoc. 16:15)*. ¿Qué sentido tendría declarar ''he aquí yo vengo como ladrón'' después que ya se han derramado seis plagas, si ya el Señor vino antes de que fuesen derramadas? *Apocalipsis 15:8* declara vigorosamente: ''nadie podía entrar en el templo [celestial] hasta que se hubiesen cumplido las siete plagas de los siete ángeles''. *2 Tesalonicenses 2:1-3* hace claro que el anticristo será revelado antes que Cristo regrese y que será destruido con el resplandor de su venida *(2 Tes. 2:8)*.

¿Acaso la Biblia enseña que los justos reciben su recompensa cuando son raptados al comienzo de un período de tribulación de siete años, y que los injustos son destruidos al final de esos siete años?

Las parábolas de Jesús muestran claramente que la segunda venida de Jesús es el evento divino culminante: los hombres y mujeres o se salvarán o se perderán. No habrá un período de siete años para reconsiderar nuestra vida. Ahora es el día de la salvación *(2 Cor. 6:2)*. En *Mateo 13:30*, el trigo y la cizaña (los justos y los impíos) crecen juntos hasta el momento de la cosecha. Los justos son salvados y los impíos se perderán. En la parábola del siervo infiel, no hay una segunda oportunidad. Los impíos se perderán cuando el Señor de la casa regrese inesperadamente *(Mat. 24:44-51).* En la parábola de las ovejas y los cabritos, los seres humanos serán salvos o se perderán cuando Cristo venga *(Mat. 25:31-46).*

La Segunda Venida (señales)

Mat. 24:3	Los discípulos de Jesús preguntan: "¿Cuál será la señal de tu venida y del fin del mundo?"
Mat. 24:4-5, 11, 24	Maestros religiosos falsos.
Mat. 24:6-7	Guerras y rumores de guerra.
Apoc. 11:18	Cuando las naciones estén airadas, Cristo destruirá a aquellos que destruyen la tierra.
Luc. 21:26	Los corazones de los hombres desfallecen por causa del temor.
1 Tes. 5:2-3	Se habla de paz.
Mat. 24:7	Desastres naturales (terremotos, hambres, pestilencia).
Mat. 24:12	Aumentan el crimen, la violencia y la iniquidad.
2 Tim. 3:1-4	Tiempos peligrosos, decadencia moral.
Mat. 24:37-39	Intemperancia, corrupción moral.
Sant. 5:1-5	Dificultades económicas.
Luc. 21:34	Preocupación por los problemas de esta vida.
Mat. 24:14	Evangelio predicado a todo el mundo (ver también *Apocalipsis 14:6-7*).
2 Ped. 3:8-10	Dios desea salvar a todos.
Mat. 24:48	El siervo malo dice: "Mi Señor tarda en venir".
Mat. 24:42-44	Dios aconseja: "Estad preparados".

El Juicio

Apoc. 14:6-7	El mensaje final de Dios a la humanidad se refiere al juicio.
Apoc. 22:12	Debido a que Jesús viene para dar su recompensa, debe haber un juicio previo a su venida para determinar el tipo de recompensa que cada uno recibe cuando él venga.
Mat. 12:36	Jesús se refirió al juicio como algo futuro.
Hech. 24:25	Pablo le habla a Félix acerca del juicio venidero.
Dan. 7:9-10	Daniel vio el comienzo de la sesión de la corte suprema del universo.
Ecl. 12:13-14	Dios traerá a juicio toda cosa secreta.
Heb. 4:13	Todas las cosas están abiertas ante Dios.
2 Cor. 5:10	Todos debemos comparecer ante el tribunal de Cristo.
Rom. 14:12	Cada uno dará a Dios cuenta de sí.
Sal. 87:6	En el juicio el Señor considera dónde nacimos.
Jer. 2:22	Todas nuestras iniquidades (pecados) están escritas delante de Dios.
Mal. 3:16	Todos nuestros actos de justicia, impulsados por motivos desinteresados, logrados a través de la gracia de Cristo, son registrados delante de Dios.

Apoc. 20:12   La base del juicio es el registro de nuestras vidas que se lleva en el cielo.

Hech. 3:19   Si nos apartamos del pecado arrepentidos, nuestros pecados serán borrados del registro de Dios en el juicio final.

Apoc. 3:5   Si continuamos en pecado, sin obtener victoria, rebelándonos abiertamente contra Dios, nuestros nombres son borrados del registro divino.

Rom. 8:1   La única manera de superar la condenación del juicio es por medio de Cristo.

Heb. 7:24-25   Nuestro sumo sacerdote celestial es capaz de salvar hasta lo sumo a todo aquel que viene a Dios a través de él.

Juan 14:26   El Espíritu Santo es el maestro de Dios.

Mat. 12:31-32   Al rechazar continuamente el poder convincente, transformador e instructivo del Espíritu Santo, cometemos el pecado imperdonable.

La Ley de Dios

Sal. 111:7-8	Los mandamientos de Dios son el código eterno de conducta del cielo que permanece para siempre.
Rom. 3:20	La ley de Dios nos hace sentir nuestra culpa y nos conduce a Cristo.
Sal. 19:7	La ley de Dios es una agencia que nos lleva a la conversión.
Sal. 19:11	Hay una gran recompensa en guardar sus mandamientos.
Rom. 6:14	No estamos "bajo la ley" como un medio de salvación. La salvación viene totalmente y siempre como un producto de la gracia.
Rom. 6:15	Aunque no estamos bajo la ley, esto no nos da libertad para transgredir la ley de Dios.
1 Juan 3:4	El pecado se define como transgresión de la ley.
Isa. 59:1-2	El pecado o transgresión de la ley conduce a la separación de Dios y a la muerte eterna *(Rom. 6:23)*.
Rom. 3:28-31	Cuando somos salvos por la fe deseamos guardar la ley de Dios *(Heb. 10:7; Juan 8:29)*.
Juan 14:15	El amor siempre conduce a la obediencia. Jesús dijo: "Si me amáis, guardad mis mandamientos".
1 Juan 2:4-5	El que no guarda sus mandamientos es un mentiroso y la verdad no está en él.

Heb. 8:10 En el nuevo pacto, Jesús escribe su ley en nuestros corazones.

Sal. 40:8 El coloca el deseo de hacer su voluntad en nuestros corazones.

Apoc. 14:12 El pueblo de Dios en los últimos días guarda sus mandamientos por la fe.

Apoc. 12:17 El remanente de Dios, como los fieles de todas las edades, guardan su ley.

Preguntas Comunes acerca de la Ley de Dios

¿Acaso Jesús no vino para abolir los Diez Mandamientos y establecer un nuevo mandamiento de amor? ¿Qué diremos acerca de *Mateo 22:37-40*: "Amarás al Señor tu Dios con todo tu corazón, y... a tu prójimo como a ti mismo"? ¿No es el amor a Dios y al prójimo todo lo que Jesús requiere? Estos son los nuevos mandamientos.

Quizá se sorprenda al descubrir que Jesús estaba resumiendo la ley tal como se la dio en el Antiguo Testamento. *Deuteronomio 6:5* declara: "Amarás a Jehová tu Dios de todo tu corazón". *Levítico 19:18* añade: "Amarás a tu prójimo como a ti mismo". El Dios del Antiguo Testamento era un Dios de amor eterno *(Jer. 31:3)*. En *Mateo 22:40*, Jesús declaró: "De estos dos mandamientos depende toda la ley y los profetas". Los primeros cuatro mandamientos revelan cómo los seres humanos demuestran tangiblemente su amor a Dios. Los últimos seis revelan cómo demuestran su amor al prójimo. Jesús no vino para abrogar la ley, sino a cumplirla *(Mat. 5:17)*. Reveló cómo observar la ley con amor. Vino a magnificar el significado de la ley *(Isa. 42:21)*. Jesús mostró cómo el amor es el cumplimiento de la ley *(Rom. 13:10)*. Y añadió: "Si me amáis, guardad mis mandamientos" *(Juan 14:15)*.

¿Enseña Pablo que los cristianos salvados por fe no tienen que guardar la ley?

Pablo enseña que los cristianos son salvos no por la fe, sino por gracia a través de la fe. La fe es la mano que toma la salvación que Jesús ofrece gratuitamente. La fe no conduce a la desobediencia sino a la obediencia. Pablo declara en términos muy claros "¿Luego por la fe invalidamos la ley? En ninguna manera, sino que confirmamos la ley" *(Rom. 3:31)*.

Romanos 6:1, 14-15 añade, ''¿Perseveraremos en el pecado para que la gracia abunde?... En ninguna manera''.

¿Es verdad que en el Antiguo Testamento las personas fueron salvas por la observancia de la ley, mientras que en el Nuevo Testamento, la salvación es por la gracia?

Tanto en el Antiguo Testamento como en el Nuevo, la salvación es por la gracia a través de la fe. *Tito 2:11* afirma: ''Porque la gracia de Dios se ha manifestado para salvación a *todos* los hombres''. En el Antiguo Testamento los hombres y mujeres fueron salvos por el Cristo que habría de venir. Cada cordero sacrificado señalaba hacia el futuro, a la llegada del Mesías *(Gén. 3:21; Gén. 22:9-13)*. En el Nuevo Testamento, los hombres y las mujeres son salvos por el Cristo que ha venido. En un caso, la fe miraba hacia la cruz en el futuro; en el otro caso, la fe mira hacia la cruz en el pasado. Jesús es el único medio de salvación *(Hech. 4:12)*.

¿Siendo que estamos bajo el Nuevo Pacto, es verdaderamente necesario que guardemos la ley de Dios?

El Nuevo Pacto en realidad es más antiguo que el Antiguo Pacto. Fue dado por Dios mismo en el Jardín del Edén cuando prometió que el Mesías vendría para quebrantar la influencia fatal de Satanás sobre la raza humana. El Nuevo Pacto contiene la promesa de la redención del pecado a través de Jesucristo. ¡El nos salva! El escribe los principios de la ley en nuestros corazones. El amor se convierte en el motivo de la obediencia. Hay un nuevo poder en la vida. *(Heb. 8:10; Eze. 36:26; Sal. 40:8)*. Bajo el Antiguo Pacto, Israel prometió obedecer los mandamientos de Dios con sus propias fuerzas. Declararon: ''Todo lo que Jehová ha dicho, haremos'' *(Exo. 19:8; 24:3, 7)*. Todos los intentos de llegar a una conformidad externa con la ley de Dios conducen a la frustración y a la derrota. La ley que no podemos guardar con nuestras propias fuerzas nos condena *(Rom. 3:23; 6:23)*. Bajo el Nuevo Pacto, pertenecemos a un nuevo dueño: Cristo Jesús. Tenemos un nuevo corazón y una nueva posición delante de Dios *(Juan 1:12; 2 Cor. 5:17; Rom. 8:1)*.

Sábado

Apoc. 14:6-7	El mensaje final de Dios a la humanidad es un llamado para adorar al Creador.
Apoc. 4:11	La base de toda adoración es el hecho de que Dios nos creó.
Col. 1:16	Siendo que Jesús fue el agente activo en la creación, el llamado final de Apocalipsis a adorar al Creador es un llamado para honrar a Jesús.
Exo. 20:8-11	Adoramos a Dios como Creador guardando su sábado.
Gén. 2:1-3	El sábado fue separado en la creación. Dios descansó en el séptimo día, lo bendijo y lo santificó.
Mar. 2:27-28	El sábado fue dado a la raza humana 2.300 años antes de la existencia de los judíos como un recordatorio para toda la humanidad.
Eze. 20:12, 20	El sábado fue establecido para toda la humanidad como una señal entre Dios y su pueblo.
Luc. 4:16	Jesús observó fielmente el sábado.
Mat. 24:20	Jesús predijo que el sábado se guardaría en el año 70 d. C. en ocasión de la destrucción de Jerusalén, más de 35 años después de su muerte.
Hech. 13:42-44	Pablo observó el sábado y se reunió para adorar en sábado con "casi toda la ciudad": judíos y gentiles.

Hech. 16:13	En Filipos, Pablo se reunió en sábado con un grupo de creyentes en las afueras del pueblo, porque no había una iglesia cristiana establecida.
Apoc. 1:10	El Señor todavía tiene un día especial hacia el final del primer siglo. *Apocalipsis 1:10* no revela con claridad cuál día es el día del Señor, pero *Mateo 12:8, Marcos 2:27-28* y *Lucas 6:5* sí lo hacen.
Mat. 12:8	El Hijo del Hombre es Señor aún del sábado. Si el Hijo del Hombre es Señor del sábado, el sábado debe ser el día del Señor.
Luc. 23:54-56; 24:1	Este texto se refiere a tres días sucesivos.
	El día en que Jesús murió: el día de la preparación, viernes.
	El día en que Jesús reposó en la tumba: el sábado.
	El día en que Jesús resucitó: el primer día, domingo.
	El día de reposo es indudablemente el sábado, *el séptimo día de la semana*.
Heb. 13:8	Jesús es el mismo ayer, hoy y por los siglos.
Isa. 66:22-23	También guardaremos el sábado cada semana en la tierra nueva.

Preguntas Comunes acerca del Sábado Bíblico

Siendo que Pablo declara "nadie os juzgue... en cuanto a... días de reposo", ¿será innecesario guardar el sábado? (Col. 2:16-17)?

Este pasaje, *Colosenses 2:16-17*, es uno de los textos más tergiversados de la Biblia. Uno de los principios de interpretación bíblica es que usted no debe permitir que algo que no es totalmente claro le impida entender lo que sí lo es. La Biblia es clara en cuanto al sábado. Fue dado en la creación *(Gén. 2:1-3)*. Jesús lo guardó *(Luc. 4:16)*. Pablo lo observó *(Hech. 13:42-44)*, y será guardado en el cielo *(Isa. 66:22-23)*. La Biblia menciona dos tipos de sábado. El sábado semanal y los sábados anuales. El sábado semanal, instituido en la creación y parte de la ley de los Diez Mandamientos, es un recordatorio semanal del Creador, amante y todopoderoso. El sábado anual se refiere específicamente a la historia de Israel. *Colosenses 2:16-17* específicamente dice: "Nadie os juzgue... en cuanto a... días de reposo, todo lo cual es sombra de lo que ha de venir". El sábado semanal es un recordatorio de la creación, no una sombra de algo que ha de venir. *Hebreos 10:1* conecta la ley de sombras con el sacrificio de animales. *Ezequiel 45:17* utiliza exactamente las mismas expresiones, en el preciso orden de *Colosenses 2:16-17*, y las conecta con los sistemas ceremoniales de fiestas y sacrificios (ofrendas, libaciones, lunas nuevas, días de reposo... para hacer expiación por la casa de Israel). *Levítico 23:3* se refiere al sábado semanal. *Levítico 23:5-32* discute los sábados ceremoniales (la pascua, *vers. 5*; el pan sin levadura, *vers. 6*; las gavillas, *vers. 10*; las primicias, *vers. 17*; las trompetas, *vers. 24*; el Día de la Expiación, *vers. 27-32*; tabernáculos, *vers. 34-36*). Ambas celebraciones: la fiesta de las trompetas *(vers. 24)* y el Día de la Expiación *(vers. 32)* son llamados específicamente sábados. Estos sábados anuales estaban estrechamente conectados con eventos que predecían la muerte de Cristo y su segunda venida.

Dios los había diseñado para que fuesen sombras o señalamientos hacia el Mesías futuro. *Levítico 23:37* utiliza los términos de *Colosenses 2:16-17* para describir estos sábados ceremoniales. *Levítico 23:38* distingue los sábados ceremoniales del sábado semanal por medio de la expresión "además de los días de reposo de Jehová". Siendo que Cristo ya vino, los sábados "sombra" de la ley ceremonial han encontrado su cumplimiento en él. El séptimo día de la semana continúa llevándonos de vuelta al Creador que nos hizo. El pueblo de Dios ha de observarlo como una señal distintiva de su relación con él *(Apoc. 14:12; Eze. 20:12, 20)*.

¿Y qué diremos acerca de *Romanos 14:5*? "Uno hace diferencia entre día y día; otro juzga iguales todos los días. Cada uno esté plenamente convencido en su propia mente". ¿Qué diferencia hay entre un día y otro?

A veces es útil notar cuidadosamente lo que un texto bíblico no dice como también lo que sí dice. Los versículos *5 y 6* no dicen nada en cuanto a la adoración ni al sábado. Sólo hablan acerca de hacer diferencia entre un día y otro. Decir que este día particular es el sábado es una afirmación sin base. *Romanos 14:1* sienta las pautas para la comprensión de todo el pasaje al indicar que la discusión que sigue trata de "contender sobre opiniones". ¿Es el sábado, separado por Dios en la creación *(Gén. 2:1-3)* y colocado en el centro de la ley moral *(Exo. 20:8-11)*, una "opinión"? ¡Ciertamente que no! La clave para entender nuestro texto se encuentra en el versículo 6: "El que hace caso del día, lo hace para el Señor; y el que no hace caso del día, para el Señor no lo hace. El que come, para el Señor come, porque da gracias a Dios; y el que no come, para el Señor no come, y da gracias a Dios". El asunto giraba acerca de los días de ayuno, no los días de sábado. Algunos judíos conversos creían que había un mérito particular en ayunar en ciertos días. Juzgaban a otros de acuerdo con sus propios actos. Los fariseos ayunaban por lo menos dos veces por semana y se envanecían en ello *(Luc. 18:12).* En *Romanos 14,* Pablo está señalando que ayunar o no ayunar en cierto día, es un asunto de la conciencia de cada individuo, y no un asunto de la voluntad divina.

¿Acaso no se reunían los discípulos en el primer día de la semana? *(Hech. 20:7).*

La razón por la que se menciona esta reunión en la narración, es porque Pablo se ausentaría al día siguiente y porque habría de hacer un gran milagro al resucitar a Eutico. Es claro que se trata de una reunión nocturna. Se trata de la parte oscura del primer día de la semana *(Hech. 20:7).* En los tiempos bíblicos, la parte oscura del día precedía a la parte clara *(Gén. 1:5).* El sábado se guardaba desde la puesta del sol del viernes, hasta la puesta del sol del sábado *(Lev. 23:32, Mar. 1:32).* Si esta reunión ocurrió en la parte oscura del primer día de la semana se trata de una reunión de sábado de noche. Pablo se había reunido con los creyentes durante todo el día. Habría de partir al día siguiente, domingo, así que la reunión se extendió hasta las horas de la noche. Al día siguiente, Pablo viajó a pie hasta Asón, y luego navegó hasta Mitilene. Otras versiones confirman que esta era una reunión de sábado de noche, y que Pablo viajó en domingo. Si Pablo consideraba que el domingo era sagrado en honor de la resurrección, ¿por qué pasó el día completo viajando y no ocupado en la adoración? El registro bíblico indica que Pablo observaba el sábado *(Hech. 13:42-44; 17:2; 16:12-13; 18:4).*

¿Podemos con certeza determinar cuál es el séptimo día?

Hay por lo menos cuatro maneras de determinar que el sábado es el séptimo día:

1. **La Biblia** claramente revela que Jesús fue crucificado en el día de la preparación *(Luc. 23:54).* Sus seguidores más íntimos reposaron conforme

al mandamiento *(Luc. 23:55-56)*, y Jesús resucitó en el primer día de la semana *(Luc. 24:1; Mar. 16:9)*. La mayoría de los cristianos reconocen que Jesús murió en viernes, el día de la preparación, reposó durante el día siguiente, y resucitó en el primer día: domingo. El sábado es el día entre el viernes y el domingo, o sea el séptimo día de la semana.

2. **Los idiomas:** En más de 140 idiomas, la palabra para el séptimo día es derivada de ''sabbat'' que significa ''reposo''. Los idiomas testifican a favor de la preservación del sábado como día de reposo.

3. **Astronomía:** Los astrónomos más destacados del mundo aseguran que el ciclo semanal nunca ha cambiado. Centros como el Real Observatorio Naval de los Estados Unidos y el Observatorio Real de Greenwich de Inglaterra, afirman que el ciclo semanal ha sido constante.

4. **Historia:** El pueblo judío ha llevado un registro exacto del sábado a través de los siglos. Por más de 4.000 años, ellos han preservado el día sábado como día de reposo.

Yo guardo el domingo en honor de la resurrección. ¿Qué hay de malo en ello? ¿No resucitó Jesús en domingo?

Sí, Jesús ciertamente resucitó en domingo. Pero él nunca nos pidió que adorásemos en ese día en honor de la resurrección. De la misma manera que el servicio de comunión simboliza su muerte *(1 Cor. 11:24, 26)*, el bautismo simboliza su resurrección *(Rom. 6:1-6)*. El símbolo de la resurrección de Jesús no es la observancia del día del sol introducido en el cristianismo en base al culto pagano al sol practicado por Roma, sino la hermosa ceremonia del bautismo como el símbolo de una nueva vida transformada por el poder maravilloso del Espíritu Santo. En la tumba líquida del bautismo, el viejo hombre simbólicamente muere y es sepultado para resucitar a una nueva vida con Cristo.

¿No es suficiente que se adore en un día de la semana, sin importar cuál? ¿Por qué poner tanto énfasis en el sábado?

Este asunto es más que escoger un día. Se trata de escoger a un Señor. Por medio de un golpe maestro de engaño, Satanás ha obrado a través de la religión apóstata para cambiar la ley de Dios *(Dan. 7:25)*. Ha arrojado la verdad al suelo *(Dan. 8:12)*. Ha hecho una brecha en el muro de la verdad de Dios. Dios nos llama a reparar la brecha observando su sábado *(Isa. 58:12-13)*. Debemos obedecer a Dios antes que a los hombres *(Hech. 5:29)*. Adorar en el séptimo día de la semana es aceptar la autoridad de nuestro Creador, quien mandó que ése fuese el día en que se adorase *(Exo. 20:8-11)*. Aceptar a ciencia cierta un día falso de adoración es aceptar una institución iniciada y establecida únicamente por el hombre en apostasía. La pregunta clave es entonces, ¿a quién servimos, a Dios o al hombre? *(Rom. 6:16)*. Si su cumpleaños es en cierto día, todas las celebraciones que se tengan el día antes o después de ese día no cambian la fecha de su cumpleaños. El cumpleaños del mundo es el sábado. Es un monumento a nuestro amante Creador. Ningún otro día puede serlo.

Textos sobre el Primer Día de la Semana

Exo. 31:17-18	El sábado es una señal entre Dios y su pueblo para siempre.
Eze. 20:12	El sábado es un símbolo de la santificación.
Heb. 4:4-6, 9	El sábado simboliza nuestro descanso en Jesús, al confiar en que él puede salvarnos.
Luc. 23:56	Los seguidores de Jesús no quisieron embalsamar su cuerpo en sábado. Evidentemente, el sábado no fue clavado a la cruz, porque sus seguidores lo guardaron después de su muerte.
Luc. 24:1	Los discípulos visitaron la tumba para embalsamar su cuerpo en el primer día.
Mat. 28:1	Las mujeres fueron a la tumba en el primer día.
Mar. 16:2	Las mujeres fueron a la tumba en el primer día.
Mar. 16:9	Jesús resucitó en el primer día.
Juan 20:1	María visita la tumba cuando todavía es oscuro. (Note que los textos citados no pueden de ninguna manera indicar que los primeros creyentes atribuyesen algún valor sagrado al domingo, siendo que ni siquiera sabían que Jesús había resucitado.)
Rom. 6:3-5	El símbolo de la resurrección es el bautismo por inmersión, no la observancia del domingo.
Hech. 20:7	En la reunión del sábado de noche, en la parte oscura del primer día de la semana, Pablo

predicó hasta medianoche. El día siguiente, domingo, viajó por tierra hasta Asón, y luego tomó un barco. Ciertamente, Pablo no santificó el domingo.

Juan 20:19   Los discípulos se reunieron en el primer día de la semana no para adorar, sino porque temían a los judíos.

1 Cor. 16:2   "Cada uno" implica que los creyentes separarían la ofrenda en forma individual en sus hogares. El lenguaje original alude a un ajuste de cuentas. El sábado ha pasado. Es el primer día, un buen momento para pagar cuentas, y separar una ofrenda para la obra del Señor.

Gen. 2:1-3   Dios bendijo al séptimo día en la creación.

Rom. 13:10   Nuestro amor por Dios nos lleva, como siervos obedientes, a cumplir u obedecer la ley.

Mat. 5:17   Jesús no vino a destruir la ley sino a cumplirla.

Se Intenta Cambiar la Ley de Dios

Juan 17:17	Tu palabra es verdad.
Prov. 23:23	Compra la verdad y no la vendas.
Heb. 13:8	Jesús el mismo ayer, hoy y por los siglos.
Sal. 89:34	No olvidaré mi pacto.
Exo. 31:18	Mandamientos escritos con el dedo de Dios.
Mat. 5:17-18	Jesús vino a cumplir, no a cambiar la ley de Dios.
Gén. 2:1-3	El sábado fue reposado, santificado y bendito en el Edén.
Luc. 4:16	Jesús guardó el sábado.
Hech. 13:42-44	Pablo guardó el sábado.
Hech. 20:28-31	Se predijo que la apostasía entraría en la iglesia cristiana.
Dan. 8:12	La verdad arrojada por tierra.
Dan. 7:25	Se intenta cambiar la ley de Dios.
Isa. 8:16	Sella la ley.
Exo. 20:8-11	El sábado contiene los tres elementos del sello real del cielo: el nombre de Dios, su título y su territorio.
Apoc. 7:1-3	El pueblo de Dios recibirá el sello del sábado antes del fin.
Apoc. 14:7, 12	El último mensaje de Dios nos invita a adorar al Creador y guardar los mandamientos de Dios.

La Observancia del Sábado

Isa. 56:2	Dios confiere una bendición especial a aquellos que guardan el sábado.
Deut. 28:1-2, 15	Dios ofrece bendiciones a aquellos que obedecen sus mandamientos.
Exo. 20:8-11	El sábado es un día "santificado" y separado de todos los demás.
Lev. 23:3	El sábado es llamado "santa convocación" refiriéndose a la reunión del pueblo de Dios. Es un día especialmente designado para la adoración.
Luc. 4:16	Jesús adoró cada sábado al igual que Pablo *(Hech. 18:4).*
Lev. 23:32	El sábado comienza a la puesta del sol del viernes y termina a la puesta del sol del sábado de noche *(Mar. 1:32).*
Exo. 20:8-10	El sábado no es un día para trabajo secular.
Isa. 58:13-14	El sábado es un día para deleitarnos en el Señor. No es un día para nuestro placer personal. Tales cosas como el deporte, juegos seculares o entretenimientos no están en armonía con la santidad del sábado.
Neh. 13:15-22	El sábado puede ser contaminado al comprar, vender y al efectuar otras actividades comunes y triviales.
Mat. 12:11-13	Jesús ilustró en su vida el gozo de hacer el bien en sábado.

Mar. 2:23-28	Jesús satisfizo las necesidades físicas de sus discípulos en el sábado. El sábado es una ilustración del Dios que provee para nuestras necesidades.
Exo. 16:28-30	Cuando algunos de los israelitas trabajaron en sábado al intentar recoger y preparar el maná, dejando de hacer arreglos en el día de la preparación —el viernes—, Dios abiertamente los reprendió.
Mat. 11:28-30	Dios nos invita a venir y encontrar descanso en Jesús. Cada sábado provee una oportunidad para renovar nuestro compromiso con Dios.

* En la página 107 se encuentran declaraciones acerca del cambio del día de reposo bíblico.

La Fe

Heb. 11:6	Sin fe es imposible agradar a Dios.
Rom. 12:3	Dios da una medida de fe a cada hombre.
Mar. 11:22-24	Si ejercitamos la fe que tenemos, montañas de dificultades se quitarán.
Rom. 10:17	Nuestra fe aumenta en la medida que escuchamos las palabras de Dios.
Heb. 11:1	La fe es el fundamento que sostiene toda nuestra experiencia cristiana.
Heb. 4:2	La Palabra de Dios nos beneficia al aplicarla a nuestra vida.
1 Juan 5:14	La fe es confianza en Dios que nos lleva a hacer su voluntad.
Luc. 5:20	La fe puede verse. Se manifiesta en la acción.
Mat. 17:20	Aunque la fe sea pequeña como un grano de mostaza, puede crecer.
Efe. 2:8	Somos salvos por gracia por medio de la fe.
Rom. 1:5	La gracia conduce a la obediencia de fe.
Gál. 2:20	El cristiano vive por la fe.
Heb. 6:12	Por la fe heredamos las promesas de Dios.
Sant. 2:17	La fe sin obras es muerta.
1 Juan 5:4	Vencemos el mundo por la fe.

La Salud

3 Juan 2	Dios desea que prosperemos y tengamos salud.
1 Tes. 5:23	La santificación incluye el cuerpo, la mente y las emociones, a la vez que las facultades espirituales.
Rom. 12:1-2	Presentad vuestros cuerpos como sacrificio vivo a Dios.
1 Cor. 6:19-20	Su cuerpo es el templo de Dios.
1 Cor. 10:31	Si coméis o bebéis, hacedlo todo para la gloria de Dios.
Prov. 20:1	El vino es escarnecedor, la sidra alborotadora.
Prov. 23:29-32	No beba vino fermentado. Produce dolor, pena y rencillas. Es engañoso y nubla el juicio.
Isa. 5:11	¡Ay de aquellos que se intoxican con vino!
Prov. 4:17	Exceso de vino lleva a la violencia.
Prov. 31:4-5	El vino no es para reyes ni príncipes porque pervierte el sabio juicio.
Apoc. 5:10	Debido a que somos reyes y sacerdotes para Dios, necesitamos mentes claras.
Gén. 1:29	La dieta original de Dios fue una dieta vegetariana.
Gén. 7:2	Noé entendió la diferencia entre animales limpios e inmundos. Desde el tiempo del diluvio, Dios permitió que se comieran animales limpios, por eso entraron siete parejas de los mismos en el arca. De los inmundos sólo entraron dos.

41

Lev. 11:1-12	Los animales limpios deben tener pezuña hendida y rumiar. Los animales inmundos son aquellos como el cerdo que no reúnen estas características. Los animales limpios del mar han de tener aletas y escamas.
Isa. 66:15-17	Aquellos que se rebelan contra las normas de nutrición de Dios, no estarán en el reino.
Isa. 65:1-5	Dios relaciona el comer animales inmundos con la idolatría de los paganos.
Hech. 10:9-16	El lienzo de Pedro con todo tipo de animal inmundo, incluyendo ratas, cocodrilos, ranas y serpientes. Dios le dijo: "Levántate,... mata y come". Pedro queda horrorizado. ¿Qué quería decir Dios? El *versículo 17* indica que Pedro está inseguro.
Hech. 10:28	Pedro explica que la visión no se aplica a alimentos sino a llamar inmundo al tratamiento que se les debía a los gentiles. En esta visión, Dios quebranta las barreras raciales. Ahora Pedro puede predicarles a los gentiles. La visión trata del hecho de que a través de la cruz, se quitan todas las barreras entre las personas.
Fil. 4:13	Jesús provee fortaleza espiritual para vencer hábitos físicos.
Heb. 4:15-16	Jesús fue tentado como nosotros. Ayunó 40 días y venció para que nosotros también recibamos su poder para vencer.

Preguntas Comunes acerca de la Salud

¿No dijo Jesús "Nada hay fuera del hombre que entre en él, que le pueda contaminar; pero lo que sale de él, eso es lo que contamina al hombre"? ¿Por qué poner tanto énfasis en la salud? ¿Acaso es muy importante?

El pasaje bajo consideración es *Marcos 7:15-20.* ¿Qué asuntos están en juego aquí? El Nuevo Testamento claramente dice: "¿O ignoráis que vuestro cuerpo es templo del Espíritu Santo... glorificad, pues, a Dios en vuestro cuerpo y en vuestro espíritu, los cuales son de Dios" *(1 Cor. 6:19-20).* "Si alguno destruyere el templo de Dios, Dios le destruirá a él; porque el templo de Dios, el cual sois vosotros, santo es" *(1 Cor. 3:17).* "Si, pues, coméis o bebéis, o hacéis otra cosa, hacedlo todo para la gloria de Dios" *(1 Cor. 10:31).* Las Escrituras son consistentes. No nos dicen en una parte que seamos cuidadosos en lo que comemos, para luego decirnos en otra que no importa lo que comemos o bebemos. Resumamos lo que dice Marcos 7. Los fariseos tenían leyes muy estrictas acerca de la limpieza ceremonial. Creían que tocar a un gentil (no judío) en la plaza los contaminaba. Todos los utensilios de cocinar, tales como las ollas, tazas y platos, debían ser lavados cabalmente por si acaso un gentil los había tocado, de esa manera contaminándolos *(ver Mar. 7:1-5).* El tema de discusión en *Marcos 7* no eran las leyes de salud de Levítico *(Lev. 11)* dadas por un Dios amante para preservar la salud de su pueblo, sino la "tradición de los ancianos" *(Mar. 7:5).* Los fariseos creyeron que al comer con las manos sin lavar, uno se contaminaba con los gentiles. El asunto aquí no es lo que comes, sino cómo lo comes. No se trata de repudiar las leyes de salud que dio el Señor mismo, sino de un rechazo de la idea de la contaminación ceremonial por causa de tocar a los gentiles. En este contexto "nada hay fuera del hombre... que lo pueda contaminar", sino lo que hay en su corazón. Los judíos rechazaron los mandamientos de Dios para mantener su tradición de exclusivismo *(Mar. 7:9).* La expresión "haciendo limpios todos los alimentos'' en el *versículo 19,* utiliza la palabra *broma.* Ningún alimento es inmundo ceremonialmente. Ningún alimento contiene el pecado en sí mismo. El pecado surge de adentro del hombre, no de afuera *(vers. 21).* Jesús no consideró que los animales inmundos eran alimento. Eran animales basureros que nunca se comían. Lo que dice *Marcos 7* no es que se obtiene salud al comer animales inmundos, sino que comer después de tocar a los gentiles no contaminaba a nadie.

¿No dijo el apóstol Pablo "la vianda no nos hace más aceptos ante Dios" *(1 Cor. 8:8)?* **¿No dijo él también, "de todo lo que se vende en la carnicería, comed, sin preguntar nada por motivos de conciencia"** *(1 Cor. 10:25)?*

1 Corintios 8:1 provee el trasfondo para la respuesta a estas preguntas serias. Pablo introduce el pasaje diciendo: "En cuanto a lo sacrificado a los ídolos..." *(vers. 1),* y para que no haya malentendidos lo presenta otra vez en el *versículo 4:* "Acerca, pues, de las viandas que se sacrifican a los ídolos". En *1 Corintios 10:28* al final de la discusión, habla de carnes ofrecidas en sacrificio a los ídolos. Porciones de la carne que se utilizaban en la adoración de ídolos en templos paganos en Corinto se vendían en el mercado. Esto llevó a algunos judíos estrictos a convertirse en vegetarianos *(Rom. 14:2-4).* El asunto en juego aquí es si es moralmente equivocado comer carne ofrecida a los ídolos. Si se lo hace, ¿se estará participando también en la idolatría? La respuesta de Pablo es que los ídolos no son nada *(1 Cor. 8:4).* No somos ni peores ni mejores si las comemos *(1 Cor. 8:8).* Si su libertad es una piedra de tropiezo para otro, si ofende su conciencia débil, mejor no coma ninguna carne ofrecida a ídolos *(1 Cor. 8:11-13).* Lo que interesa aquí no son los alimentos inmundos sino los alimentos ofrecidos a los ídolos. Jesús no vino a limpiar cerdos. El vino a limpiar pecadores. Los animales inmundos que no son saludables en el Antiguo Testamento todavía no son saludables en el Nuevo.

Puesto que el Señor no nos privará de nada bueno *(Sal. 84:11)*, entonces los animales inmundos no son cosas buenas.

¿No son las leyes sanitarias ritos del Antiguo Testamento que Cristo abolió en la cruz?

Cuando Cristo murió, dio su vida para redimir a la humanidad. Su muerte no afectó de ninguna manera lo que es saludable y lo que no lo es. Es razonable que el cerdo, por ejemplo, que no era saludable para comer antes de la cruz por alimentarse de basura, siga siendo nocivo después de la cruz. Contrario a la opinión popular, las leyes bíblicas de salud no son sólo para los judíos. Cuando Noé entró en el arca, se lo instruyó para que trajera siete parejas de animales limpios y sólo dos parejas de animales inmundos. Esto fue así debido a que los animales limpios habrían de servir de alimentación por causa de la falta de vegetación después del diluvio. En *Levítico 11*, Dios distinguió entre los animales limpios y los inmundos para toda la humanidad. *Isaías 66:2-5* se refiere a los que se han rebelado contra Dios como a los que adoran ídolos y comen carne de puerco. El profeta Isaías revela que los rebeldes serán destruidos junto con los que comen carne de cerdo. Dios sabe qué nos conviene. El desea que nuestros cuerpos tengan buena salud. Nos invita a abandonar cualquier cosa que destruya su templo.

Dado que Dios le dijo a Noé: "Todo lo que se mueve y vive, os será para mantenimiento: así como las legumbres y plantas verdes, os lo he dado todo" *(Gén. 9:3)*, ¿no es permisible comer de todo lo que querramos?

Pudiéramos preguntar: ¿Le estaba Dios dando permiso a Noé para que comiesen serpientes, ratas, cocodrilos, lagartos, lombrices y cucarachas? ¡Obviamente no! Noé ya conocía la diferencia entre alimentos limpios e inmundos *(Gén. 7:2)*. Dios sencillamente estaba diciendo: "Noé, ahora puedes comer carne". La evidencia para esto es que Dios claramente prohibió comer animales inmundos más tarde en *Levítico 11* y *Deuteronomio 14*. Dado que Dios no cambia sus normas morales *(Sal. 89:34)*, y que el carácter de Dios no se muda *(Mal. 3:6)*, él no le pudo permitir a Noé que hiciera algo que le prohibió a Moisés. Todas las leyes de Dios, incluyendo las que se relacionan con la salud, fueron dadas en amor para reducir la enfermedad y aumentar la felicidad *(Exo. 15:26)*. Muchos científicos reconocen que los principios de salud de la Biblia pueden ayudar mucho a reducir las enfermedades del corazón y el cáncer. Los caminos de Dios son los mejores.

¿Acaso la Biblia no dice que nos guardemos de aquellos que prohíben ciertos alimentos *(1 Tim. 4:3)*?

Nuestro pasaje describe a un grupo que se aparta de la fe bíblica en los últimos días. De acuerdo con *1 Timoteo 4:3*, enseña dos errores: Prohíbe el matrimonio y manda la abstención de carnes o alimentos *(broma)* que Dios ha creado para que se recibiesen con acción de gracias. La misma palabra se utiliza en la versión griega del Antiguo Testamento en *Génesis 1:29*. "Toda planta que da semilla, que está sobre toda la tierra, y todo árbol en que hay fruto y que da semilla; os serán para comer [para *broma*]" A través de los siglos, ciertos ascetas, monjes y sacerdotes han dicho que el mundo es malo. El matrimonio y los alimentos son creados por Dios. Ambos son parte del buen plan de Dios para la raza humana. De acuerdo con *1 Timoteo 4:4-5*, las criaturas que han sido santificadas por la palabra de Dios son buenas y no deben rechazarse si se toman con acción de gracias. Pablo aquí está argumentando contra el fanatismo que declara que todo placer físico es malo. Revela que la creación de Dios es buena. Dios desea que sus criaturas disfruten gustosamente de los alimentos que ha creado para ellas. El tema de este pasaje no son los alimentos limpios o inmundos, más bien si se deben rechazar algunos alimentos por ser parte del mundo material, el cual es considerado negativamente desde un punto de vista monástico. Pablo dice ¡No! La creación de Dios es buena.

¿Qué diferencia hace lo que comemos y bebemos? ¿Acaso Dios no se interesa sólo en nuestra vida espiritual?

Los seres humanos son una unidad. Lo que afecta lo físico también afecta las facultades mentales y espirituales. Nuestros hábitos físicos afectan la calidad de la sangre que pasa por nuestro cerebro. Una calidad inferior de sangre perjudica nuestra capacidad de comprender la verdad espiritual. En *1 Tesalonicenses 5:23*, Pablo dice: "Y el mismo Dios de paz os santifique por completo; y todo vuestro ser, espíritu, alma y cuerpo, sea guardado irreprensible para la venida de nuestro Señor Jesucristo". En *Romanos 12:1* añade: "Os ruego... que presentéis vuestros cuerpos en sacrificio vivo, santo, agradable a Dios". Juan aporta cuál es el deseo de Jesús para sus hijos: "Yo deseo que tú seas prosperado en todas las cosas, y que tengas salud, así como prospera tu alma" *(3 Juan 2)*. La Palabra de Dios declara que sí es importante lo que introducimos en nuestro cuerpo.

¿Qué quiso decir Pablo cuando instruyó a Timoteo que tomase "un poco de vino por causa de tu estómago" *(1 Tim. 5:23)*?

Es obvio que Pablo no estaba defendiendo la práctica de beber socialmente. Claramente dice: "No tomes más agua" (cualquiera que ha viajado en el Medio Oriente conoce la dificultad de conseguir agua pura y sin contaminación), "sino usa de un poco de vino por causa de tu estómago y de tus frecuentes enfermedades". Cualquiera que sea el tipo de vino que Pablo aconseja (fermentado o sin fermentar), es totalmente claro que el propósito de su consejo a Timoteo se refería a un uso medicinal, no a un placer social. ¿Qué tipo de vino recomendaba Pablo? ¿Animaría el apóstol a que se usase moderadamente una bebida de la cual *Proverbios 23:31* dice: "No mires al vino cuando rojea", una bebida que produce dolor, rencillas, quejas y heridas *(Prov. 23:29)*, una bebida que es alborotadora *(Prov. 20:1)*, una bebida que pervierte el juicio, que causa que los ojos miren cosas extrañas y el corazón profiera perversidades

(Prov. 23:32-33)? ¡Obviamente que no! La Biblia utiliza la palabra vino para referirse a bebidas alcohólicas fermentadas a la vez que al jugo de uva sin fermentar. De acuerdo con *Isaías 65:8*, el nuevo vino se encuentra en un racimo y hay bendición en él. Este es indudablemente el jugo fresco y sin fermentar de la uva. Al referirse al vino de la comunión, Jesús les dijo a sus discípulos: "Desde ahora no beberé más de este fruto de la vid, hasta aquel día en que lo beba nuevo con vosotros en el reino de mi Padre" *(Mat. 26:29)*. El vino de la comunión representa la sangre pura y sin contaminación de Cristo y debe ser sin fermentar, porque la fermentación es símbolo del pecado. En *1 Timoteo 5:23*, Pablo anima a Timoteo a usar un poquito de vino o jugo de uva por causa de su estómago. El vino de uva sin fermentar tiene cualidades curativas para el cuerpo. En efecto, hay bendición en el jugo fresco de la uva.

El Estado de los Muertos

Juan 11:11-14	Jesús compara la muerte con el sueño. La Biblia hace esto más de 50 veces.
1 Tes. 4:15-16	Los muertos en Cristo resucitarán en su segunda venida.
Juan 5:28-29	Hay dos resurrecciones (la de vida y la de muerte).
Gén. 2:7	Dios creó al hombre del polvo de la tierra y sopló en su nariz aliento de vida y el hombre fue un alma viviente. Dios no puso un alma en el hombre.
Ecl. 12:7	El cuerpo regresa al polvo y el espíritu regresa a Dios. La Biblia no dice que el alma regresa a Dios, sino el espíritu.
Job 27:3	El espíritu es lo mismo que el soplo de vida de Dios, su poder.
Sal. 146:3-4	Cuando el soplo o el espíritu regresa a Dios, los pensamientos perecen.
1 Tim. 6:16	Los seres humanos no poseen inmortalidad, sólo Dios la tiene.
Rom. 2:7	Nosotros buscamos la inmortalidad. La Biblia usa la palabra alma 1.600 veces, pero nunca usa la expresión alma inmortal.
1 Cor. 15:51-54	Recibimos la inmortalidad cuando Cristo regresa.
Sal. 115:17	Los muertos no alaban a Dios.
Hech. 2:34	David no ascendió al cielo cuando murió, sino que esperaba la venida de Jesús y la primera resurrección.
Sal. 6:5	En el sepulcro no hay memoria de Dios.

Ecl. 9:5	Los muertos nada saben.
Job 19:25-26	Los justos serán resucitados para ver a Dios en el día final.
Eze. 18:4	El alma (persona) que pecare, morirá.
Rom. 6:23	La paga del pecado es muerte. La muerte es la ausencia de la vida. El don de Dios es vida eterna.
1 Tim. 4:7-8	El apóstol Pablo esperaba la venida del Señor para obtener su recompensa final.
Apoc. 22:12	Cuando Jesús venga traerá consigo la recompensa de vida eterna.

Preguntas Comunes acerca de la Muerte

¿Qué quiere decir Pablo con la expresión "ausentes del cuerpo, y presentes al Señor" *(2 Cor. 5:6, 8)*?

En *2 Corintios 5:1-11*, Pablo contrasta el cuerpo terrenal y corruptible, sujeto a la enfermedad y a la muerte, con el cuerpo glorioso, eterno e inmortal que Dios ha preparado para nosotros en el cielo. La expresión "ausentes del cuerpo", significa ausentes del cuerpo mortal con sus debilidades terrenales. La expresión "presentes al Señor" significa presentes en el glorioso cuerpo inmortal que se recibirá cuando Cristo regrese. *2 Corintios 5:4* nos lo indica así cuando el apóstol desea que "lo mortal sea absorbido por la vida". Estas palabras repiten lo que Pablo escribió antes en *1 Corintios 15:51-54*: "Es necesario que esto corruptible se vista de incorrupción, y esto mortal se vista de inmortalidad". En *2 Corintios 5* a la vez que en *1 Corintios 15*, Pablo anhela la inmortalidad que será conferida en la segunda venida de Jesús (ver también *2 Tim. 4:6-8*).

Si los muertos están durmiendo, ¿cómo es que la hechicera de Endor pudo traer al profeta Samuel de los muertos para hablar con el rey Saúl *(1 Sam. 28:15)*?

Hay tres detalles importantes en este incidente:

1. La orden clara de Dios a lo largo de todo el Antiguo Testamento fue que los espiritistas fuesen echados de la tierra de Israel y ejecutados. La Palabra de Dios desenmascara todo espiritualismo como la obra de fuerzas satánicas (vea *Deut. 18:10-15; Isa. 47:13-14*).

2. Saúl había rechazado el consejo del profeta Samuel. Había inquirido consejo de Dios y no había recibido respuesta *(1 Sam. 28:6)*. La razón específica por la que Saúl buscó a la pitonisa de Endor fue porque no recibió respuesta del Señor. Lo que Saúl vio no fue Samuel. Fíjese que la Biblia dice que la hechicera vio a "dioses que suben de la

tierra'' *(vers. 13)*, y Saúl ''entendió'' que vio a Samuel *(1 Sam. 28:14)*. Dado que los ''muertos nada saben'' *(Ecl. 9:5)*, Satanás toma la forma de seres amados difuntos e imita su apariencia y su voz *(Apoc. 16:14)*.

3. El resultado final de la visita de Saúl a la pitonisa de Endor no fue el arrepentimiento, la confesión de pecado ni una nueva vida, sino la desesperación, el desánimo y la muerte *(1 Sam. 28:16, 20-21; 31:3-4, 9-10)*. Engañado por Satanás, rindió su alma a los demonios.

¿Acaso Pablo no sugiere que un individuo va directamente al cielo cuando muere, al decir que el desea ''partir y estar con Cristo'' y ''el morir es ganancia'' *(Fil. 1:21, 23)*?

La Biblia no se contradice a sí misma. Pablo no dice algo en un lugar y otra cosa en otro lugar. El apóstol es claro. En ocasión de la segunda venida, los justos muertos son resucitados para recibir su recompensa eterna *(1 Tes. 4:16-17; 1Cor. 15:51-54)*. En *Filipenses 3:20-21* el apóstol señala que ''nuestra ciudadanía está en los cielos, de donde también esperamos al Salvador, al Señor Jesucristo; el cual transformará el cuerpo de la humillación nuestra, para que sea semejante al cuerpo de la gloria suya''. Su esperanza se coloca nuevamente en la segunda venida. Cuando le escribe a su amigo Timoteo, el apóstol declara desde la misma prisión romana: ''He peleado la buena batalla, he acabado la carrera, he guardado la fe. Por lo demás, me está guardada la corona de justicia, la cual me dará el Señor, juez justo, en aquel día; y no sólo a mí, sino también a todos los que aman su venida'' *(2 Tim. 4:7-8)*. Pablo anhelaba el regreso de Jesús, cuando pudiera ver a su Señor cara a cara y recibir la vida eterna. ¡Sí, la muerte es ganancia! Para el apóstol significaba libertad del dolor de un cuerpo cansado; liberación del yugo de una prisión romana, y protección de las tentaciones de Satanás. Para Pablo, la muerte era un sueño sin el paso del tiempo. El próximo evento después de cerrar sus ojos en el sueño de la muerte era "partir y estar con Cristo". Dado que no tendría conciencia del transcurso del tiempo desde el momento de la muerte hasta la segunda venida, para Pablo la muerte significaba dormir y despertarse para estar con su Señor.

En la parábola del rico y Lázaro, el hombre rico va inmediatamente al infierno y Lázaro al cielo. ¿Cómo se explica esta parábola si los muertos están durmiendo (*Luc. 16:19-31*)?

Es importante notar que esta es una parábola. Es la quinta de una serie (la oveja perdida, la moneda perdida, el joven perdido y el mayordomo infiel, Luc. 15; 16:1-11). Las parábolas son diseñadas para enseñar grandes principios morales. Cada rasgo de la parábola no ha de tomarse literalmente. Por ejemplo, no tenemos lana y cuatro patas como una oveja. No somos de metal como una moneda. Lo importante de cada parábola es la gran enseñanza moral que incluye. Nos metemos en serios problemas si intentamos tomar cada detalle literalmente en vez de buscar la lección que Jesús está tratando de enseñar. Pensemos por un instante que la parábola del rico y Lázaro es un relato literal. ¿Será que las personas podrán hablar entre el cielo y el infierno? ¿Pueden los que están en el cielo ver a aquellos que se queman en el infierno? ¿Podrán escuchar sus clamores? ¿Tienen las almas dedos y lenguas como se las describe en la parábola? ¿Tiene Abrahán un pecho tan grande como para acoger en él a todos los individuos que van al cielo? Tomar la parábola literalmente es crear serios problemas. El cielo sería un lugar terrible si desde allí pudiéramos ver el sufrimiento constante de nuestros amigos. ¿Por qué usó Jesús este relato? ¿Qué lecciones estaba tratando de enseñar? Los judíos tenían una tradición que describía la muerte como una travesía por medio de un valle de oscuridad para luego escapar a la seguridad del seno de Abrahán, mientras que la perdición eterna equivalía a la destrucción. Jesús usó esta historia para enseñar tres lecciones. En primer lugar, los judíos creían que las riquezas eran una

53

señal del favor de Dios y que la pobreza era una señal de su desagrado. En la parábola el hombre rico, quien los judíos pensaban que gozaba de la bendición de Dios, termina en el infierno, mientras que el hombre pobre ingresa al cielo. Jesús invirtió el resultado esperado. He aquí las lecciones:

1. Las riquezas ganadas por la avaricia, la deshonestidad o la opresión de los pobres no son de ninguna manera señal del favor de Dios.

2. La parábola de Cristo claramente comunica que no hay una segunda oportunidad después de la muerte. La decisión tomada en esta vida determina nuestro destino eterno.

3. Jesús señala que si los fariseos rechazaban las claras enseñanzas de la palabra de Dios acerca de la salvación, también rechazarían un espectáculo tan poderoso y sobrenatural como la resurrección de un ser humano.

   Los judíos siempre estaban pidiéndole a Jesús una señal. El les dio la mayor de todas. Poco después levantó a Lázaro de los muertos *(Juan 11:11-14, 43-44)*. Como resultado, los judíos se sintieron amenazados e intentaron asesinar a Lázaro *(Juan 12:10)*. También se sintieron tan airados contra Jesús que complotaron para destruirlo a él también. Habían leído la Biblia con un velo sobre sus ojos *(2 Cor. 3:14-16)*. Habían fracasado en entender que todas las Escrituras testifican de Jesús *(Juan 5:39)*. Cuando Jesús levantó a Lázaro de la tumba, no lo creyeron. Sus palabras en *Lucas 16:31* fueron proféticas: ''Si no oyen a Moisés y a los profetas, tampoco se persuadirán aunque alguno se levantare de los muertos''. ¡Qué advertencia tan urgente! Las Escrituras son nuestra autoridad final. Jesús usó una historia judía popular para ilustrar esta verdad poderosa, así se corrobora la armonía de toda la Biblia.

¿Qué significa *Apocalipsis 6:9-11* cuando describe las almas debajo del altar clamando en alta voz "¿Hasta cuándo, Señor, santo y verdadero, no juzgas y vengas nuestra sangre en los que moran en la tierra?"

La personificación es un método bíblico común para describir situaciones con un lenguaje simbólico. Después que Caín mató a Abel, el Señor le dijo: "La voz de la sangre de tu hermano clama a mí desde la tierra" *(Gén. 4:10)*. ¿Hablaba literalmente la voz de Abel? ¡No! No literalmente. La expresión idiomática comunica el afecto fiel de Dios por el mártir Abel y la responsabilidad de Caín por su acto pecaminoso. De acuerdo con *Hebreos 12:24*, "la sangre rociada [de Jesús]... habla mejor que la de Abel". Comunica perdón, misericordia y redención. Es cierto que la sangre de Cristo no habla literalmente. El idioma expresa el mensaje redentor de Dios. En Apocalipsis 6, Dios claramente comunica que no ha olvidado a sus mártires a lo largo de los siglos. La sangre de ellos simbólicamente clama a Dios para que administre justicia a sus perseguidores y recompense a sus fieles con la eternidad. En la Biblia la palabra "alma" a menudo significa "persona o pueblo" *(Rom. 13:1; Eze. 18:4; Hech. 27:37)*. También significa "vida" (ver *Heb. 13:17; 1 Ped. 4:19; Mat. 10:28*). Por eso es que Apocalipsis 6:9 podría entenderse así: "Las vidas de aquellos que han muerto por causa de Jesús, en forma simbólica —como la sangre de Abel—, claman desde la tierra por justicia". Habrá un juicio final y Dios mismo arreglará todas las cosas.

¿Es el alma inmortal?

La Biblia utiliza la palabra "alma" aproximadamente 1.600 veces y nunca usa ni siquiera una vez la expresión "alma inmortal". La palabra mortal significa sujeto a muerte. La palabra inmortal significa no sujeto a muerte. La Biblia expresamente declara: "El alma que pecare, esa morirá" *(Eze. 18:4)*. Jesús afirmó que el cuerpo y el alma podían ser destruidos en el infierno *(Mat. 10:28)*. La inmortalidad es un atributo de la divinidad. Sólo Dios es naturalmente inmortal *(1 Tim. 6:15-16)*. La primera mentira de Satanás en el Jardín del Edén tenía que ver con la muerte. El maligno aseguró que el efecto de la desobediencia no era la muerte sino la vida. Dijo: "No moriréis" *(Gén. 3:4)*. La Palabra de Dios dice: "La paga del pecado es muerte" *(Rom. 6:23)*. La muerte es la ausencia de la vida. El pecado no trae vida eterna en el infierno, sino un destierro total y absoluto de la presencia de Dios por medio de la aniquilación total. La Biblia es clara. El hombre es mortal *(Ecl. 9:5)*. Buscamos la inmortalidad *(Rom. 2:7)*. Los justos reciben la inmortalidad como un don del Señor en su segunda venida *(1 Cor. 15:51-54)*. Los pecadores también reciben su recompensa eterna. "El pecado, siendo consumado, da a luz la muerte" *(Sant. 1:15)*. Se debe escoger entre la vida eterna o la muerte eterna.

¿Qué quiere decir Pedro cuando habla acerca de Jesús y de éste predicando a los espíritus encarcelados *(1 Ped. 3:19)*?

Para entender este texto es necesario leer el pasaje completo *(1 Ped. 3:18-22)*. El *versículo 18* revela que Jesús el divino Hijo de Dios, quien fue muerto por nuestros pecados, fue "vivificado" por el poder del Espíritu Santo. El *versículo 19* hace una transición y declara que fue por medio de este mismo Espíritu Santo que Cristo habló a los espíritus encarcelados. ¿Cuándo les predicó a estos espíritus encarcelados? ¿Quiénes son estos espíritus encarcelados? El *versículo 20* lo dice. En los días de Noé los corazones de hombres y mujeres estaban inclinados de continuo al mal. Estaban encarcelados por espíritus malignos. El mismo Espíritu Santo que levantó a Jesús de la muerte literal le habló a hombres y mujeres poseídos por espíritus malignos quienes estaban muertos espiritualmente en los días de Noé, para traerlos a la vida espiritual. El Espíritu de Cristo habló a través del profeta que predicaba el Evangelio a hombres y mujeres atrapados en cárceles espirituales *(1 Ped. 1:10-12)*. El extraordinario poder del Espíritu abre la cárcel del pecado para que los cautivos queden libres *(Isa. 61:1)*. *1 Pedro 3:21* aclara aún más la ilustración. La experiencia del diluvio se compara al bautismo. De la misma manera en que el Espíritu Santo levantó a Jesús de muerte a vida, al igual que condujo a la familia de Noé al arca, protegiéndolos de la muerte y conduciéndolos a la vida eterna, así el Espíritu Santo obra para despertar a la vida espiritual, convenciendo a hombres y mujeres de pecado, brindándoles poder para transformar su vida, y llevándolos a las aguas del bautismo. En los días de Noé, el Espíritu condujo a hombres y mujeres de la muerte a la vida. Hoy el Espíritu libra a hombres y mujeres de cárceles espirituales para llevarlos de muerte a vida: todo gracias al grandioso poder del Cristo resucitado.

¿Qué enseña la Biblia acerca de la reencarnación?

La reencarnación está basada en dos asertos falsos. El primero: que los seres humanos se purifican a sí mismos por medio de sus propios hechos meritorios. El segundo: que hay un alma inmortal que sobrevive a la muerte del cuerpo. La Biblia enseña que la salvación es a través de la fe en Cristo *(Efe. 2:8; Rom. 3:24-31)*. La muerte es un sueño que dura hasta la gloria de la resurrección *(1 Tes. 4:15-16; 1 Cor. 15:51, 54)*. No hay una segunda oportunidad después de la muerte *(Heb. 9:27)*. Ahora es el tiempo de salvación *(2 Cor. 6:2)*.

El Milenio (1.000 Años de Paz)

Juan 14:1-3	Jesús promete regresar.
Hech. 1:9-11	El mismo Jesús que fue al cielo vendrá de la misma manera.
1 Tes. 4:16-17	Los justos muertos serán resucitados y juntos con los justos vivos ascenderán para encontrarse con Jesús en el cielo.
Juan 5:28-29	Habrá dos resurrecciones: la resurrección de vida y la resurrección de condenación.
2 Tes. 1:8	Los impíos serán destruidos cuando Jesús regrese.
Apoc. 19:11-21	Jesús redimirá a su pueblo como rey victorioso al frente del ejército del cielo. Los impíos o injustos serán destruidos por el brillo de su gloria.
Apoc. 20:1-2	Satanás será encadenado por 1.000 años.
2 Ped. 2:4	Las cadenas son cadenas de oscuridad. Satanás es encadenado sobre una tierra desolada sin nadie a quien tentar.
Apoc. 20:1	La palabra griega para abismo se traduce ''desolada y vacía'' (vea también *Gén. 1:2*).
Jer. 4:23-27	La tierra está desolada (sin forma y vacía) sin nadie que la habite.
Jer. 25:33	Los muertos del Señor no serán enterrados.
Apoc. 20:4	Los justos moran con Dios en el cielo durante 1.000 años. Se sientan en tronos y participan en el juicio.
1 Cor. 6:2	Los santos juzgarán al mundo.

Apoc. 20:5	*(Primera parte.)* La resurrección de los impíos para recibir su recompensa final ocurre después de los 1.000 años.
Apoc. 20:7	Satanás queda suelto de su prisión y dirige a los impíos resucitados en un ataque final contra Dios.
Apoc. 20:9	Satanás y sus ejércitos del mal son final y completamente destruidos.
Apoc. 21:1-3	Dios crea un hermoso mundo nuevo.

Una Pregunta Común acerca del Milenio

Cuando Jesús regrese, ¿no establecerá un reinado de 1.000 años sobre la tierra? Siempre he pensado que habrá personas vivas durante 1.000 años de paz sobre la tierra durante el milenio.

En *Juan 14:1-3*, Jesús afirma que está preparando un lugar para nosotros y vendrá para llevarnos adonde él está. *1 Tesalonicenses 4:16-17* revela que seremos arrebatados para encontrarnos con él en el cielo. *Mateo 16:27* declara que Jesús vendrá con la gloria de los ángeles para dar su recompensa eterna. *2 Tesalonicenses 1:7-8* añade que cuando Jesús venga con sus ángeles vendrá para retribuir venganza de fuego y destrucción a los impíos. De acuerdo con *Jeremías 25:33*, los muertos del Señor estarán desde un extremo al otro de la tierra sin nadie que los entierre. *Jeremías 4:23-27* concluye que "no había hombre" que viviese sobre esta tierra desolada durante los 1.000 años. *Apocalipsis 20:1-2* añade que Satanás está atado por una cadena de circunstancias en el "abismo". La palabra griega "*ábussos*" es la misma palabra utilizada en la traducción griega del Antiguo Testamento en hebreo para "desolada y vacía". En *Génesis 1:2*, cuando Dios mandó que el mundo existiera, éste estaba desordenado y vacío: un abismo sin nada, oscuro y desolado, hasta que Dios separó la luz de las tinieblas y creó un mundo nuevo y lleno de vida. De nuevo la tierra será reducida a la nada. El pecado será destruido. Del abismo del viejo mundo Dios creará un mundo nuevo maravillosamente bello *(2 Ped. 3:13; Apoc. 21:1-5)*.

El Cielo

Juan 14:1-3	El cielo es un lugar real.
2 Ped. 3:10-13	Nuestro Señor ha prometido crear nuevos cielos y una nueva tierra.
Mat. 5:5	Los humildes heredarán la tierra.
Apoc. 21:1-5	La santa ciudad, la nueva Jerusalén, descenderá del cielo de parte de Dios.
Isa. 45:18	Dios creó este mundo para que fuese habitado.
Miq. 4:8	El dominio original será restaurado a la raza humana.
Fil. 3:21	Dios nos dará cuerpos inmortales y gloriosos *(1 Cor. 15:51-54)*.
Isa. 35:3-6	Todas las deformidades físicas serán curadas. (Los ojos de los ciegos serán abiertos, los oídos de los sordos oirán y los paralíticos serán sanados.)
Isa. 65:17	Dios creará nuevos cielos y una nueva tierra.
Isa. 65:21-23	Construirán casas y habitarán en ellas. Plantarán viñas y comerán el fruto de ellas.
Isa. 65:25	El lobo y el cordero comerán juntos. El nuevo reino de Dios será uno de paz.
Mat. 8:11	Nos reuniremos con Abrahán, Isaac, Jacob y los grandes hombres de todas las edades.
Apoc. 21:3	Dios mismo estará con nosotros y será nuestro Dios.

Apoc. 22:3-4	Con amor serviremos a nuestro Dios para siempre y disfrutaremos de comunión íntima con él.
Apoc. 21:16-17	La nueva ciudad de Dios tiene 12.000 estadios, o sea unos 2.200 kilómetros, con un muro de 144 codos, o sea 64 metros.
Apoc. 21:18-21	Esta ciudad espectacular tiene muros cuyos fundamentos son piedras preciosas, calles de oro y puertas de perla.
Apoc. 21:7-8	Se mencionan los requisitos de entrada en la ciudad.
Apoc. 22:17	Y el Espíritu y la Esposa dicen: Ven.

La Destrucción de los Impíos

Jer. 31:3	El carácter de Dios es amor.
2 Ped. 3:9	Dios no desea que nadie perezca.
Heb. 12:29	Nuestro Dios es un fuego consumidor para el pecado, dondequiera se encuentre.
Mal. 4:1-3	Los pecadores finalmente serán quemados o hechos cenizas.
Sal. 37:10	Los impíos dejarán de ser.
Sal. 37:20	Los impíos perecerán, serán consumidos.
Sal. 37:36	Los impíos no serán hallados.
Mat. 25:46	El castigo será eterno. Se trata de un solo castigo cuyos efectos duran para siempre.
Jud. 7	Sodoma y Gomorra son ejemplos de un castigo eterno y un fuego eterno. Hoy en día, estas ciudades son ruinas debajo del mar Muerto.
2 Ped. 2:6	Las ciudades de Sodoma y Gomorra se convierten en cenizas.
Mat. 3:11-12	El fuego no puede ser apagado hasta que completa su obra de erradicar totalmente el pecado del universo.
Jer. 17:19-27	Jerusalén fue destruida por un fuego inapagable que las manos humanas no podían contener. Completó su obra de destruir completamente a Jerusalén. Sin embargo, Jerusalén no está ardiendo hoy.

Apoc. 20:10	Los impíos serán atormentados ''por los siglos de los siglos''. Esto significa que el tormento será por cierto período, pero, por supuesto, no interminable; lo que son eternas son las consecuencias del mismo. Esto es evidente por otros pasajes de las Escrituras que demuestran que la suerte final de los impíos será el aniquilamiento total *(Mat. 10:18; Apoc. 20:14)*.
Exo. 21:6	Un esclavo servirá a sus amos para siempre o mientras viva.
1 Sam. 1:22, 28	Ana presentó a Samuel ante el Señor para siempre o mientras él viviese.
2 Ped. 2:4	Los ángeles malos y todos los impíos están reservados para el juicio. El infierno no está ardiendo ahora.
Apoc. 20:9	Fuego desciende de Dios y devora a los impíos. Son completamente destruidos.
Eze. 28:17-18	Satanás mismo será consumido y hecho cenizas.
Isa. 47:14	El fuego se consumirá a sí mismo y no quedará ni un carbón para calentarse.
Abd. 16	Los impíos serán como si nunca hubiesen sido.
2 Ped. 3:12-13	El viejo mundo será destruido, pero Dios creará nuevos cielos y nueva tierra.

Preguntas Comunes acerca de la Destrucción de los Impíos

¿Es el infierno un fuego que arde en el centro de la tierra ahora mismo?

De acuerdo con la Biblia, la destrucción final de los impíos ocurrirá al fin del tiempo. Los impíos están reservados para el juicio *(2 Ped. 2:4)*. Nuestro Dios es un fuego que consume el pecado dondequiera que se encuentre *(Heb. 12:29)*. Los fuegos del infierno se originan en el cielo en el fin del tiempo; no en algún lugar ardiente aquí en la tierra *(Apoc. 20:9)*. Los impíos serán totalmente consumidos. Serán cortados de la tierra (ver *Prov. 10:25; Sal. 37:10-11, 20, 34, 38)*. Hasta sus cenizas serán quemadas *(Mal. 4:1, 3)*. Esta destrucción final ocurrirá después del milenio *(Apoc. 20:5)* y después de la resurrección de perdición *(Juan 5:28-29)*.

¿Qué diremos acerca de los textos que declaran que los impíos arderán para siempre, por ejemplo *Apocalipsis 20:10*?

"Para siempre" en la Biblia puede traducirse "hasta el fin del tiempo" o mientras dure la vida. Los impíos serán consumidos, quemados y convertidos en cenizas *(Mal. 4:1-3)*. La vieja era de pecado y muerte termina. Dios introduce una nueva era *(Apoc. 21:1-4)*. Dios crea nuevos cielos y nueva tierra sin más llanto, muerte, enfermedad o dolor. En el Antiguo Testamento, un esclavo debía servir a su amo para siempre *(Exo. 21:6)*. Ana trajo a su hijo Samuel al templo para siempre *(1 Sam. 1:22)*. En ambos casos se refería al período de tiempo hasta que muriesen. *1 Samuel 1:28* claramente dice, "todos los días que viva, será de Jehová". Jonás usa la expresión "para siempre" para describir su experiencia en el vientre de la ballena (ver *Jon. 2:6)*. "Para siempre" era un tiempo limitado, no eterno. Era tan largo como el Señor determinase, hasta el fin del tiempo o mientras Jonás pudiera vivir en ese ambiente. El castigo de los impíos será eterno *(Mat. 25:46)*. Serán consumidos, convertidos en cenizas, eliminados para siempre. No se trata de un "castigo" eterno o de un estado de tormento continuado. La idea de un infierno que arde eternamente haría de Dios un monstruo cósmico, que se deleita en destruir a sus criaturas. Un Dios amante debe borrar el pecado del universo o éste destruirá el planeta entero. Como un cirujano de cáncer, él debe extirpar toda la enfermedad, por doloroso que sea.

¿Cómo se explica la expresión "fuego eterno"?

Sodoma y Gomorra, dos ciudades de la antigüedad que estaban llenas de pecado, fueron consumidas con fuego del cielo. La Biblia declara que fueron quemadas con un fuego eterno (*Jud. 7*). No están ardiendo en la actualidad. Las ruinas de estas dos ciudades se encuentran debajo del mar Muerto. De acuerdo con *2 Pedro 2:6*, fueron convertidas en cenizas. Un fuego eterno es uno cuyos efectos son eternos, uno que consume totalmente y para siempre.

¿Acaso la Biblia no habla acerca del fuego que "no puede ser apagado" (*Mar. 9:43, 48*)?

El fuego que no puede ser apagado es uno que las manos humanas no pueden consumir. Como resultado de la desobediencia de los judíos, Jerusalén fue destruida por Tito en 70 d. C. La ciudad fue quemada con un fuego inapagable. Puede leer la profecía de esta destrucción en *Jeremías 17:27*: "Yo haré descender fuego en sus puertas, y consumirá los palacios de Jerusalén, y no se apagará". No obstante, Jerusalén no está ardiendo hoy en día. El fuego hizo una obra completa.

La Marca de la Bestia

Apoc. 13:1-2	Una bestia surge del mar con partes de león, oso, leopardo y dragón.
Dan. 7:17	La bestia representa un rey o reino. Un poder que rige, civil o religioso.
Apoc. 17:15	El mar representa a pueblos, naciones o grupos lingüísticos.
Dan. 7:1-9	El león, el oso, el leopardo y el dragón representan a Babilonia, Medo-Persia, Grecia y Roma.
Apoc. 13:2	El dragón o Roma pagana le da su autoridad a este nuevo poder. La Roma papal recibió su autoridad de la Roma pagana.
Apoc. 13:5	La bestia habla blasfemias.
Luc. 5:21	Si algún ser humano dice que tiene poder para perdonar pecados, comete blasfemia.
Juan 10:33	La Biblia define blasfemia como el acto por el cual el hombre se hace igual a Dios. El papa alega ser Dios sobre la tierra.
Apoc. 13:5	La bestia reina durante 42 meses.
Apoc. 12:6, 14	El tiempo, tiempos y la mitad de un tiempo equivalen a 1.260 días ó 42 meses. Durante este tiempo, el pueblo de Dios está escondido en el desierto.
Eze. 4:6	Te he dado un día por año.
Núm. 14:34	Un día por año *(Gén. 29:27).*

Dan. 7:25

El poder papal que cambió la ley de Dios reinaría supremo durante 1.260 días proféticos o 1.260 años literales. En 538 d. C. el Imperio Romano pagano otorgó al papa de Roma autoridad civil y religiosa sobre el imperio. Exactamente 1.260 años después, en 1798 d. C., el general francés Bertier, siguiendo órdenes de Napoleón, tomó preso al papa.

Apoc. 13:18

El número de la bestia es número de hombre. Su número es 666. En la profecía bíblica el 6 equivale a un error o imperfección, mientras que el 7 equivale a perfección o plenitud. Un trío de 6 representa la gran trinidad del error: el dragón, la bestia y el falso profeta.

Esta es la trinidad falsa de Satanás. El número 666 está asociado íntimamente con el título más exaltado del papa: Vicarius Filii Dei, que significa Vicario del Hijo de Dios.

V = 5	F = 0	D = 500
I = 1	I = 1	E = 0
C = 100	L = 50	I = 1
A = 0	I = 1	501
R = 0	I = 1	
I = 1	53	
U = 5		
S = 0		
112		

$$112 + 53 + 501 = 666$$

Dan. 3:1	Nabucodonosor levanta una imagen falsa con medidas de 60 y de 6.
Dan. 3:3-4	Se hace comparecer a todo el reino para que acate esta adoración falsa.
Dan. 3:14	El asunto central en este tiempo de prueba para los fieles seguidores de Dios es la decisión entre adoración verdadera y falsa.
Apoc. 13:13-17	Se establecerá nuevamente una imagen falsa, se exaltará una falsa norma de la verdad. El asunto central será la obediencia a Dios y la distinción entre la adoración verdadera y la falsa. Primero habrá un boicoteo económico y luego se pasará un decreto de muerte.
Apoc. 14:7	Se nos llama a la verdadera adoración del Creador en el día sábado.
Apoc. 14:9-11	Se nos llama a evitar la observancia del falso día de reposo.
Apoc. 14:12	Hemos de guardar los mandamientos de Dios como una señal de lealtad hacia él.
Rom. 6:16	No se trata de un asunto de días, sino de quién es nuestro dueño. ¿Dónde está nuestra lealtad?
Mar. 7:9	Se trata de mandamientos de hombres versus mandamientos de Dios.
Juan 14:15	Jesús nos invita a obedecerlo por amor.
Sal. 91	El promete ampararnos en el tiempo de prueba.

Preguntas Comunes acerca del Catolicismo

¿Fue Pedro el primer papa? ¿Qué quiso decir Jesús cuando le dijo a Pedro: "Sobre esta roca edificaré mi iglesia" *(Mat. 16:13-19)*?

Cesarea de Filipo era un centro de la filosofía griega, la lógica romana y la religión tradicional judía. Jesús se colocó a sí mismo contra el trasfondo de los grandes sistemas filosóficos y religiosos del mundo al preguntar: "¿Quién dicen los hombres que es el Hijo del Hombre?" Jesús anhelaba aumentar su fe. Deseaba conseguir una confesión mesiánica. Pedro inmediatamente responde: "Tú eres el Cristo, el Hijo del Dios viviente". Este pensamiento sólo pudo haber sido inspirado por el Espíritu Santo. Jesús afirmó la fe de Pedro cuando declaró: "Tú eres *Petros* (piedra rodante), y sobre esta *Petra* (roca inamovible, refiriéndose a la declaración de que Jesús era el Cristo) edificaré mi iglesia; y las puertas del Hades no prevalecerán contra ella". La iglesia está edificada sobre Jesucristo. El es la piedra angular rechazada por los edificadores *(1 Ped. 2:4-8)*. Pedro entendió claramente que la roca era Cristo. Pablo aclara el asunto en *1 Corintios 10:4* al proclamar "la roca era Cristo". David declara: "En Dios solamente está acallada mi alma; de él viene mi salvación. El solamente es mi roca y mi salvación" *(Sal. 62:1-2)*. No hay otro fundamento *(1 Cor. 3:11)*, excepto Jesús. Las puertas del infierno jamás triunfarán sobre su iglesia. Pedro negó a su Señor tres veces. Intentaba evitar que Jesús fuese a Jerusalén. Este valiente discípulo no entendió la misión de Jesús. Por eso Jesús le dijo: "Apártate de mí, Satanás" (refiriéndose a que Satanás estaba influyendo sobre Pedro). No, la iglesia no fue fundada sobre las flaquezas de Pedro, sino sobre la fortaleza de Cristo. Pedro descubrió la maravillosa verdad por sí mismo. Jesús se convirtió en la fuente de su fortaleza, el centro de su vida y el fundamento sobre el cual él se sostuvo.

¿Cuáles son las "llaves del reino" que Jesús dio a Pedro y al resto de los discípulos *(Mat. 16:19)*?

Las llaves cierran y abren puertas. Jesús dijo: "Yo soy la puerta; el que por mí entrare, será salvo" *(Juan 10:9)*. No hay otro nombre bajo el cielo en que podamos ser salvos *(Hech. 4:12)*. Todas las Escrituras testifican de Jesús *(Juan 5:39)*. Los escribas y fariseos quitaron la "llave de la ciencia" acerca del Mesías *(Luc. 11:52)*. Cerraron el cielo. Las "llaves" que Jesús le dio a Pedro fueron sus propias palabras, sus enseñanzas acerca de que todo hombre y mujer puede recibir el perdón de sus pecados, libertad de condenación y paz a través de su sangre derramada en la cruz del Calvario. El conocimiento de Jesús como el Mesías prometido abre el cielo ante nosotros *(Isa. 22:22)*.

¿Es posible que Satanás haga milagros?

Sí lo es. En *Apocalipsis 13:14*, Juan describe a los espíritus de demonios que hacen milagros. De acuerdo con *Apocalipsis 16:14* y *Apocalipsis 19:20*, miles recibirán la marca de la bestia porque han aceptado los milagros falsos de Satanás. Pablo nos advierte en *2 Tesalonicenses 2:9-11* que Satanás obrará con todo poder, señales y maravillas. El apóstol nos da un indicio de por qué el hombre será engañado al decir que "no recibieron el amor de la verdad". La única seguridad contra el engaño es conocer a Jesús, el autor de la verdad, y conocer la verdad que el enseñó. *Isaías 8:20* revela esta penetrante idea: "¡A la ley y al testimonio! Si no dijeren conforme a esto, es porque no les ha amanecido". *Mateo 7:22* describe a muchos que vendrán a Jesús en el día de su venida afirmando que han hecho milagros en su nombre. No obstante el Salvador dice: "Nunca os conocí; apartaos de mí, hacedores de maldad" (vers. 23). La palabra "maldad" es la misma palabra que se usa en *1 Juan 3:4* cuando Juan dice: "El pecado es infracción de la ley". Si los milagros conducen al descuido de las leyes de salud que Dios ha puesto en cada nervio y tejido de nuestros cuerpos, o si conducen al descuido de su ley moral, los Diez Mandamientos, el poder que los ejecuta no proviene de Dios.

¿Qué enseña la Biblia acerca de la Virgen María?

Una de las grandes verdades de las Escrituras es que Jesús, el divino Hijo de Dios, nació de una virgen. Isaías el profeta lo predijo con más de 600 años de anticipación *(Isa. 7:14)*. El ángel Gabriel se apareció a José para explicarle el significado del embarazo de María. El ángel sorprendió a José al decirle: ''Y llamarás su nombre Jesús, porque él salvará a su pueblo de sus pecados'' *(Mat. 1:21)*. ''Lo que en ella es engendrado, del Espíritu Santo es'' *(vers. 20)*. Pablo estaba en lo correcto cuando escribió: ''Grande es el misterio de la piedad: Dios fue manifestado en carne'' *(1 Tim. 3:16)*. La Biblia no enseña que María era sin pecado *(Rom. 3:23)*. Sí enseña que era una mujer santa y justa. No enseña que debe ser adorada. La adoración debe ser sólo para Dios *(Apoc. 14:7)*. Cuando Juan cayó a los pies de un ángel celestial para adorarlo, el ángel le dijo enérgicamente que no lo hiciera y le ordenó: ''Adora a Dios'' *(Apoc. 19:10)*. La mejor manera de honrar a María es siguiendo las instrucciones que ella misma dio en las bodas de Caná de Galilea: ''Haced todo lo que [Jesús] os dijere'' *(Juan 2:5)*. Honramos a María al obedecer a Jesús.

La Iglesia Verdadera

Apoc. 14:6-12   El mensaje de la verdadera iglesia de Dios en los últimos momentos de la historia.

Apoc. 14:6   *(Primera parte.)* La verdadera iglesia de Dios predica el Evangelio *(ver Efe. 2:8; 1 Juan 1:7; Juan 1:12).*

Apoc. 14:6   *(Ultima parte.)* La iglesia verdadera de Dios es un movimiento misionero mundial, internacional *(Mat. 28:19-20; Mar. 16:15).*

Apoc. 14:7   *(Primera parte.)* La verdadera iglesia de Dios llama a hombres y mujeres a glorificar a Dios en su forma de vida *(ver 1 Cor. 6:19-20; 10:31).*

Apoc. 14:7   *(Segunda parte.)* La verdadera iglesia de Dios anuncia que la hora del juicio ha llegado *(ver Mat. 12:33, 37; Hech. 24:25; Dan. 7:9-14).*

Apoc. 14:7   *(Ultima parte.)* La verdadera iglesia de Dios invita a toda la humanidad a adorar al Creador.

Apoc. 4:11   El fundamento verdadero de la adoración es que Dios nos creó.

Exo. 20:8-11   La señal de la creación es el sábado.

Gén. 2:1-3   La iglesia verdadera de Dios nos conduce de vuelta a la vida del Edén y a la observancia de los mandamientos de Dios.

Apoc. 14:12   La verdadera iglesia de Dios conduce a hombres y mujeres a

	la fe en Jesús y a la obediencia a su ley.
Apoc. 14:8	La verdadera iglesia de Dios advierte en contra de las falsas doctrinas y los errores de la Babilonia espiritual.
Apoc. 14:9-11	La verdadera iglesia de Dios enseña la verdad acerca de la muerte *(ver también Juan 11:11-14; Ecl. 9:5; Sal. 146:3-4).*
Juan 10:16	Jesús, el verdadero Pastor, invita a hombres y mujeres a seguirlo y a llegar a ser parte de su verdadera iglesia.
Apoc. 22:17	El Espíritu y la Esposa dicen ''ven''. Por medio de su Espíritu todopoderoso, y su iglesia Cristocéntrica y que enseña la verdad, Jesús nos invita a ser parte de su pueblo.

Apoc. 17:1-5	Dios describe a un sistema espiritual apóstata que ataca la verdad.
Dan. 8:12	La verdad es echada por tierra.
Efe. 5:31-33	La esposa de Jesús representa a su iglesia.
Jer. 6:2	La hija de Sion es como una hermosa mujer.
Isa. 51:16	Sion, eres mi pueblo.
Apoc. 12:1-3	Una bella mujer aparece en el cielo y representa a la iglesia cristiana del Nuevo Testamento.
Apoc. 17:1-2	La ramera de Apocalipsis 17 representa la iglesia caída.
Apoc. 17:4	Los colores de este sistema eclesiástico caído y apóstata son el escarlata y el púrpura, los mismos colores de la iglesia romana. Su sede se encuentra en la Ciudad de las Siete Colinas, o sea, Roma *(vers. 9)*.
Apoc. 17:5	Este sistema apóstata es un reavivamiento de la Babilonia del Antiguo Testamento.
Gén. 11:9	Babilonia representa confusión. Aquí Dios confundió los idiomas. La Babilonia espiritual representa confusión religiosa.
Dan. 4:30	Babilonia es un sistema hecho por el hombre y basado en la tradición y logros humanos *(Isa. 45:22)*.

Jer. 51:47	La antigua Babilonia llenó su templo con ídolos y también lo hace la Babilonia espiritual.
Exo. 20:4-5	No te harás imágenes.
Eze. 8:14	Mujeres lloran por Tamuz, el dios de la vegetación. La adoración de antepasados o de "santos" es algo común en Babilonia.
Ecl. 9:5	Los muertos nada saben.
Sal. 115:17	Los muertos no alaban al Señor.
Eze. 20:12, 20	El sábado es la señal de Dios.
Apoc. 17:12-14	La Babilonia espiritual intentará unir a la humanidad estableciendo un reino de Dios terrenal para instituir un día de adoración común.
Apoc. 18:1	La tierra será alumbrada con la gloria de Dios en el tiempo de la crisis espiritual.
Apoc. 18:2-4	El llamado final de Dios para salir de Babilonia.
1 Juan 3:4	El pecado es la transgresión o violación de la ley de Dios. El llamado final de Dios está dirigido a su pueblo que aún se encuentra en iglesias que transgreden la ley de Dios, para que salgan de ellas y formen parte de su pueblo que guarda el sábado.
Apoc. 14:12	Aquí están los que guardan los mandamientos de Dios y tienen la fe de Jesucristo.

El Don de Profecía

Amós 3:7	Dios se revela a sí mismo por medio de sus profetas.
Núm. 12:6	Dios comunica su voluntad por medio de visiones y sueños.
Apoc. 12:17	El dragón hace guerra con el remanente que guarda los mandamientos de Dios y tiene el testimonio de Jesucristo.
Apoc. 19:10	El testimonio de Jesús es el espíritu de profecía.
Apoc. 22:6-9	El ángel que aparece a Juan era el ángel de la profecía. El mismo ángel aparece en los últimos días.
Efe. 4:8, 11-15	Uno de los dones de Jesús es el don de profecía. Este don permanece en la iglesia hasta el fin.
1 Cor. 1:4-7	La iglesia que espera la venida de Jesús no carecerá de ningún don.
1 Juan 4:1	La Biblia nos invita a probar los espíritus. Cada manifestación profética debe analizarse de acuerdo con las pruebas de un verdadero profeta que da la Biblia *(Mat. 24:5; 11, 24)*.

Pruebas de un verdadero profeta

Deut. 13:1-4	Los profetas verdaderos siempre conducen a la obediencia de la voluntad de Dios.
Jer. 28:8-9	Las profecías de profetas verdaderos, cuando no son condicionales, siempre se cumplen.

Isa. 8:19-20	A la ley y al testimonio, si no hablan de acuerdo a esto, no les ha amanecido.
Eze. 7:26	Cuando desobedecen la ley, Dios quita la visión.
1 Juan 4:1-3	Los profetas verdaderos le dan primacía al hecho de que Jesús es el centro de la fe y la doctrina.
Dan. 10:17	En visión, un profeta verdadero no respira.
Mat. 7:15-16	Los frutos de la vida de los profetas revelan sus credenciales divinas.
2 Crón. 20:20	Creed en sus profetas y seréis prosperados.
1 Cor. 12:27-28	Dios coloca a profetas en su verdadera iglesia que guarda sus mandamientos, para guiarla a través de las crisis. Al igual que envió a Juan el Bautista a su pueblo para prepararlo para la primera venida de Jesús, él promete que su iglesia que guarda los mandamientos en los últimos días, también será bendecida con el don de profecía.

Los Adventistas del Séptimo Día creen que el don de profecía genuino se manifestó en la iglesia a través de los escritos de Elena G. de White. Sus escritos de ninguna manera toman el lugar de la Biblia. Son un cumplimiento de Apocalipsis 12:17, donde se declara que el don de profecía se manifestará en la iglesia de Dios en los últimos días. Sus escritos pasan las pruebas críticas de un verdadero profeta.

El Bautismo

Mat. 28:19-20	Por tanto id, y doctrinad a todas las naciones, bautizándolos en el nombre del Padre, del Hijo y del Espíritu Santo.
Mar. 16:16	El que cree y es bautizado será salvo.
Juan 3:5	A menos que un hombre nazca del agua y del Espíritu, no puede ver el reino de Dios.
Efe. 4:5	Un Señor, una fe, un bautismo.
Mat. 3:13-17	Jesús fue bautizado como un adulto en el Jordán.
Juan 3:23	El bautismo bíblico requiere mucha agua.
Mar. 1:9-10	Jesús entró y salió del agua. Fue completamente sumergido.
Hech. 8:38	Ambos, Felipe y el eunuco entraron al agua. Felipe bautizó al eunuco por inmersión.
Col. 2:12	Sepultados con Cristo mediante el bautismo.
Rom. 6:3-6	El bautismo, un símbolo de la resurrección, representa la muerte y la sepultura de la vida antigua y el surgimiento a una nueva vida.
Hech. 2:38	Arrepiéntanse y bautícense.
Mar. 16:16	El que creyere y fuere bautizado, será salvo.
Hech. 2:41-42	Los que recibieron con gozo su palabra fueron bautizados. Continuaron fielmente en la doctrina o instrucción de los apóstoles (ver también *Mat. 28:19-20*).

1 Cor. 12:13	El bautismo es la entrada al cuerpo o iglesia. (Ver también *Hech. 2:46-47.*)
Mat. 28:19-20	Jesús le dio autoridad para bautizar sólo a sus discípulos, quienes enseñaban cada aspecto de la verdad tal como él les ordenó. Cuando el Espíritu Santo impresione su corazón para el bautismo, busque una iglesia guardadora del sábado y que enseñe todo lo que Jesús mandó.
Hech. 22:16	Levántate y sé bautizado, y lava tus pecados.

El Diezmo o la Mayordomía Cristiana

Deut. 8:18	Dios le da a cada uno la habilidad de obtener riquezas.
Sal. 24:1	La tierra es del Señor.
Hag. 2:8	La plata y el oro son de Dios.
Mal. 3:8-11	¿Robará el hombre a Dios? Ustedes me han robado en los diezmos y las ofrendas. Traed todos los diezmos al almacén. Probadme, dice Jehová.
Prov. 3:9-10	Si honramos a Dios primero, él derramará las bendiciones más ricas del cielo sobre nosotros.
Mat. 6:33	Buscad primeramente el reino de Dios y su justicia y todas las cosas os serán añadidas.
Gén. 14:20	Abrahán paga diezmos a Melquisedec, un símbolo de Jesús.
Lev. 27:32, V. Popular	Un diezmo equivale a la décima parte.
Mat. 23:23	Al discutir el diezmo, Jesús dijo: ''Esto era necesario hacer, sin dejar de hacer aquello''. Así condenó a los fariseos por descuidar la misericordia, la justicia y compasión, a la vez que apoyó la práctica de diezmar.
2 Cor. 9:7	Dios ama al dador alegre.
1 Cor. 9:13-14	Los que predican el Evangelio deben vivir del Evangelio.
1 Tim. 5:18	El obrero es digno de su salario.
Prov. 11:24-25	El corazón que da libremente será constantemente bendecido con mayor cantidad por nuestro Señor.

Deut. 14:22   El consejo de Dios para las finanzas de los cristianos: "Indefectiblemente diezmarás todo", se aplica hoy como en los días del antiguo Israel.

Juan 13:17   Si sabéis estas cosas, felices seréis si las hiciereis.

Normas Cristianas

2 Cor. 5:20	Embajadores de Cristo.
Isa. 62:10	Levantad un pendón a los pueblos.
1 Juan 2:15-17	No améis al mundo porque el mundo pasa.
Rom. 12:1-2	No permitan que el mundo los conforme a su molde. No se conformen al mundo, sino sed transformados por la renovación de su mente.
Fil. 4:7-8	Pensad en lo que es puro, amable, honesto, justo, de buen nombre.
2 Cor. 3:18	Contemplando somos transformados.
Sal. 11:5	El que ama violencia desagrada a Dios.
Sal. 119:37	Quitad vuestra vista de la vanidad.
Fil. 2:5	Que esté en vosotros la mente de Cristo Jesús.
1 Tim. 2:9-10	Que las mujeres se vistan con modestia y decencia, con ropa adecuada, absteniéndose de usar oro, perlas o ropas costosas, ataviándose con buenas obras.
1 Ped. 3:2-5	Los verdaderos adornos no son externos, sino el adorno del corazón.
Gén. 35:2-4	En Bet-el Jacob se encuentra con Dios, inicia un reavivamiento, y ordena a su casa a que dejen sus joyas y destruyan sus ídolos.

Exo. 33:3-6	Cuando los hijos de Israel entraron en la tierra prometida se quitaron sus adornos.
Isa. 3:16-24	Dios revela su desagrado cuando su pueblo se adorna artificialmente, pero carece de belleza de carácter.
Ose. 2:13	Las joyas son asociadas con la idolatría y con olvidarse de Dios.
Apoc. 17:1-5	Dios presenta a la iglesia falsa adornada con prendas. Ella ha abandonado a su verdadero amante Jesucristo.
Isa. 61:1-3	Jesús nos da verdadera belleza. Nos viste con las ropas de salvación; nos da las prendas de la paz, el gozo, el perdón, libertad de condenación y felicidad interna (ver *Isa. 61:10*).
Juan 8:29	Siempre hago aquellas cosas que le agradan a él (Jesús).
Juan 13:17	La felicidad viene de conocer y hacer la voluntad de Dios.
Sal. 40:8	Me deleito en hacer tu voluntad, mi Dios.

El Espíritu Santo

Juan 16:8	Jesús declara que el Espíritu Santo es una persona divina al referirse a ''él'', no a ''eso''.
Juan 16:8	El Espíritu Santo convence de pecado.
Mat. 28:19-20	El Espíritu Santo es parte de la Deidad.
Efe. 4:30	Puede contristarse al Espíritu Santo.
Gén. 6:3	El Espíritu Santo lucha con nosotros guiándonos a hacer lo bueno.
Rom. 8:26	El Espíritu Santo intercede por nosotros.
Rom. 8:27	El Espíritu Santo tiene mente.
Rom. 8:16	El Espíritu da testimonio de que somos hijos de Dios.
Gál. 5:22-26	El Espíritu Santo produce sus frutos en nuestra vida.
Eze. 36:26-27	El Espíritu Santo obra una transformación de carácter, dándonos un nuevo corazón.
Gén. 1:2	El Espíritu participó con el Padre y el Hijo en la creación y también participa en la re-creación.
Rom. 8:11	No debiéramos temer morir, porque Jesús, a través del poder del Espíritu Santo, resucitará a su pueblo fiel.
Juan 16:13-14	El Espíritu Santo nos guía a toda verdad.
Juan 14:26	El Espíritu Santo es el Maestro divino.

—E.J.

Mat. 12:31-32	Cuando se rechaza total y continuamente la obra de convicción, conversión e instrucción del Espíritu Santo, se comete el pecado imperdonable.
Rom. 8:14	Si permitimos que el Espíritu Santo nos guíe, nos convertiremos en hijos e hijas de Dios.

Preguntas Comunes acerca del Espíritu Santo

¿Qué enseña la Biblia acerca del don de lenguas?

Los siguientes puntos deben considerarse cuidadosamente cuando se estudia el don de lenguas.

1. En *Hechos 2,* las lenguas eran idiomas auténticos utilizados para eliminar las barreras de incomprensión, comunicar el Evangelio y darle autenticidad a la verdad *(Hech. 2:4-8).*

2. La palabra "glosolalia" significa idiomas *(ver Apoc. 14:6).*

3. Las lenguas sólo se mencionan tres veces en los Hechos *(Hech. 2; 10; 19).* En cada caso estaban presentes personas que hablaban otros idiomas.

   a. En *Hechos 2* las lenguas son un idioma real *(vers. 8, 11).*

   b. En *Hechos 10,* Cornelio y su casa hablaron en lenguas al aceptar a Jesús. Pedro era judío, Cornelio era griego. Cornelio habló en un idioma real que Pedro comprendió. Esto confirmó en la mente de Pedro la autenticidad de la conversión de Cornelio. *(Hechos 11:17* dice que se trataba del mismo don que los discípulos recibieron.)

   c. Pablo, el apóstol internacional, vio la manifestación del don de lenguas en Efeso *(Hech. 19).* Cada vez que la Biblia menciona las lenguas en Hechos hay más de un grupo lingüístico representado.

4. La iglesia de Corinto era la iglesia problemática de Pablo. A menudo era escenario de luchas y conflictos. En Corinto, Pablo trató de controlar el abuso del verdadero don e indicó las siguientes reglas:

   a. Sólo debe hablar una persona a la vez *(1 Cor. 14:27).*

    b. Siempre debe haber un intérprete *(1 Cor. 14:28)*.

    c. A lo sumo, sólo dos o tres debieran hablar en un culto *(1 Cor. 14:27)*.

    d. El orador debe entender y estar en control de lo que se dice *(1 Cor. 14:32)*.

    e. Dios no es autor de confusión *(1 Cor. 14:33)*.

5. Pablo aboga por la comunicación inteligente *(1 Cor. 14:9, 19)*.

6. Dado que el Espíritu Santo traduce nuestras oraciones al idioma del cielo, intercediendo por nosotros ante el trono de Dios, es innecesario que nosotros hablemos un idioma que no entendemos *(Rom. 8:26)*.

7. Siendo que la más alta facultad que Dios nos ha dado es nuestra mente, es peligroso permitir que ningún poder la controle. La mente es la sede de la inteligencia. Es con la mente que adoramos a Dios. Cualquier forma de adoración que pase por alto a la mente, puede convertirse en una forma de manipulación emocional *(Fil. 2:5)*.

8. Hablar en lenguas es sólo uno de los dones espirituales. No es la señal de la presencia interna del Espíritu Santo; testificar sí lo es *(Hech. 1:6-8)*. No todos recibirán el don de lenguas (un idioma real) para predicar el Evangelio. Cuando se necesite para avanzar la obra de Dios, el Señor lo dará *(1 Cor. 12:6-11, 18, 29-30)*.

Cristianismo Práctico

Respuestas para las preguntas
más íntimas

Descubriendo la Verdad

1. Acérquese a la Biblia con una mente abierta (*Mat. 11:25*).

2. Crea que Dios le revelará la verdad cuando usted escudriña su Palabra con todo su corazón (*Juan 8:32; Jer. 29:13*).

3. Ore continuamente por la dirección del Espíritu Santo. Dios promete que el Espíritu nos guiará a la verdad (*Juan 16:13*).

4. Intente leer tantos pasajes bíblicos sobre un tema como le sea posible. No fundamente una doctrina bíblica en un solo texto (*Isa. 28:9-10; 1 Cor. 1:13*).

5. Acepte la Biblia como la Palabra de Dios que le revela a usted su verdad (*2 Ped. 1:21; Juan 17:17*).

6. Esté dispuesto a hacer cualquier cambio respecto a su forma pasada de pensar. Nunca conocerá la verdad a menos que esté dispuesto a vivirla (*Juan 7:17*).

7. Esté dispuesto a rendir sus propias ideas ante la verdad de la Palabra de Dios (*Prov. 14:12; Juan 17:17*).

8. No escuche la voz de ningún consejero que intente disuadirlo de hacer lo que la Biblia claramente enseña (*Prov. 19:27*).

9. Toda verdad nos conduce más cerca de Jesús, quien es el camino, la verdad y la vida. Busque a Jesús en cada tema que estudia. Pregúntese, ¿cómo puede este tema llevarme más cerca de Jesús? (*Juan 14:6*).

Principios para la Oración: Cómo Obtener Respuestas

1. Nuestro amante Señor nos invita a buscarlo *(Luc. 11:13; Mat. 7:11; Sal. 65:2; Mar. 11:23-24)*.

2. Asegúrese de que su vida está rendida a la voluntad de Dios. Esté dispuesto a dejar todo lo que no esté en armonía con su voluntad *(1 Juan 5:14-15; Mat. 26:39)*.

3. Llévele a Dios todo lo que le aflija o preocupe en alguna manera *(1 Ped. 5:7; Sal. 55:22)*.

4. Incluya alabanza, gratitud y acción de gracias en todas sus oraciones *(Fil. 1:4; Col. 3:15-17; 1 Tes. 5:18)*.

5. El propósito de la oración es conducirnos a la unidad con la mente de Dios y a la comunión más íntima con él *(Apoc. 3:20; Efe. 3:16-19)*.

6. Dios lo invita a encontrar un lugar tranquilo para orar y buscarlo a él cada día con todo su corazón *(Mar. 1:35; Jer. 29:13)*.

7. Aprenda a orar en alta voz cuando sólo Dios lo oye *(Mat. 26:39; Luc. 11:1)*.

8. Registre las respuestas de Dios y recuente sus bendiciones *(Deut. 8:2; 1 Crón. 16:12)*.

¿Cómo Puedo Llegar a Ser un Cristiano?

1. Reconozca que Dios lo ama con un amor inmenso y que desea salvarlo *(2 Ped. 3:9; 1 Tim. 2:3-5)*.

2. Reconozca que usted es un pecador, perdido sin Jesús *(Jer. 17:9; Rom. 3:23; 6:23)*.

3. Acepte la salvación como un don recibido gratuitamente a través de Jesús. No es algo que se gane por obra de justicia o buenas obras *(Efe. 2:8; Rom. 3:24-27)*.

4. Arrepiéntase de cualquier pecado conocido, confesándolo a Jesús *(Hech. 3:19; 1 Juan 1:9)*.

5. Crea que Dios lo ha perdonado por causa de Cristo. Cuando rinde su vida a Jesús, usted es perdonado y aceptado. Por la fe obtiene el don de la vida eterna *(Efe. 1:4-7; 1 Juan 5:11-13)*.

6. Por ser ahora hijo de Dios, su preciosa posesión, él comenzará a obrar cambios milagrosos en su vida por medio de su Espíritu Santo *(Juan 1:12; 2 Cor. 5:17)*.

7. Nuestro amante Salvador ha prometido llevarnos de la tierra al cielo. Usted podrá caer, pero recuerde que él está a su lado para levantarlo y ponerlo nuevamente en el camino hacia el cielo.

Guía para Tomar Decisiones

1. Dios promete sabiduría cuando la pedimos *(Sant. 1:5)*.

2. Escudriñe su corazón para buscar cualquier pecado oculto o conocido que pueda impedir que Dios conteste sus oraciones *(Sal. 66:18)*.

3. Analice sus motivos para descubrir si su deseo es para la gloria de Dios *(Sant. 4:3)*.

4. Crea que Dios no sólo desea guiarlo, sino crea que él lo hará *(Sal. 32:8; Isa. 58:11)*.

5. Descubra si hay algunos principios bíblicos que se aplican a la decisión que usted debe hacer. La Biblia es una rica fuente de direcciones. Dios a menudo nos guía por medio de su Palabra *(Sal. 119:10-11, 105, 133)*.

6. Busque consejo de parte de consagrados consejeros cristianos que crean en la Palabra de Dios *(Prov. 11:14-15, 22)*.

7. Observe las señales, circunstancias ordenadas por Dios para indicarle el camino que debe tomar. Estas "providencias" son como rótulos que nos ayudan en el proceso de la decisión. No sustituyen la Palabra de Dios, el juicio sano, o el buen sentido común. Nos ayudan a tomar la decisión *(Prov. 23:26; Ecl. 8:5; Rom. 8:28)*.

8. Cuando usted ha orado fervientemente acerca de una decisión, ha consultado la Palabra de Dios, ha pensado cuidadosamente sobre el asunto, ha buscado consejo y ha observado las providencias de Dios, tome la decisión más sabia posible creyendo que Dios lo guiará *(Sal. 90:12)*.

Cómo Aumentar su Fe

La fe es confianza en Dios. Significa confiar en él como en un buen amigo. Surge de una íntima relación con él, en la que sé que él se preocupa por mí y me desea lo mejor. Mientras más lo conozco más confiaré en él.

1. La fe es la sustancia (sustento o apoyo) de nuestra experiencia religiosa *(Heb. 11:1)*.

2. Jesús nos invita a entrar en una relación de confianza con nuestro amante Padre celestial *(Mar. 11:22-24)*.

3. Sin fe es imposible agradar a Dios *(Heb. 11:6)*.

4. Dios le ha dado a cada cristiano una medida de fe *(Rom. 12:3)*.

5. Incluso un poco de fe nos conecta con el poder maravilloso de Dios *(Luc. 17:5-6)*.

6. Nuestra fe aumenta al leer los ejemplos de fe de la Biblia *(Rom. 10:17)*.

7. Para recibir beneficio de la lectura de la Biblia, hay que aplicarla personalmente por la fe. Colóquese usted mismo en cada relato. Crea que Dios hará cambios milagrosos en su vida al leer su Palabra. La fe crece por la experiencia *(Heb. 4:2)*.

8. Espere que su fe crezca mediante el estudio de la Palabra *(2 Ped. 1:3-4)*.

9. Al acercarnos a Jesús recibimos de su fe *(Heb. 10:22)*.

10. Vivir por la fe significa tener una relación diaria, constante y confiada con Jesús *(Rom. 10:17; Efe. 3:17)*.

11. Mirando a Jesús, confiando en él, recibimos fe y nuestra fe crece *(Heb. 12:1-2)*.

12. La fe no es creer que Dios hará todo lo que queremos, es buscar lo que el Padre quiere, como hizo Jesús en el Getsemaní *(Mat. 26:39)*.

13. Podemos tener confianza absoluta al buscar sinceramente su voluntad por fe; él nos la revelará *(1 Juan 5:14)*.

   La vida del cristiano es una de fe o confianza constante en un Dios de amor que sabe lo que nos conviene y siempre tratará a sus hijos de una manera que producirá los mejores resultados.

Enfrentando la Ira,
la Amargura o el Resentimiento

1. Admita que está airado. Sea honesto con Dios. No trate de esconder sus verdaderos sentimientos de Dios *(Heb. 4:13; Efe. 4:26)*.

2. Descubra por qué está airado. Dios le preguntó a Caín, "¿por qué te has ensañado?" *(Gén. 4:6)*.

3. No deje que sus emociones lo controlen *(Prov. 16:32; Ecl. 7:9; Prov. 14:29)*.

4. Entréguele su ira a Dios. Recuerde que las palabras airadas provocan la ira en otros *(Prov. 15:1; Sal. 37:7-8)*.

5. Perdone a todos los que le han hecho mal. Ya que Dios lo ha perdonado a usted por sus faltas contra él, pídale que le dé capacidad de perdonar lo que otros le han hecho a usted *(Efe. 4:32; Luc. 11:4; Col. 3:13)*.

6. Perdónese a usted mismo por estar airado *(1 Juan 1:9)*.

7. Resuelva su ira rápidamente. No deje que se acumule. Si necesita pedir el perdón de alguien, hágalo *(Efe. 4:26)*.

Enfrentando las Tentaciones

1. Satanás es el que origina todas nuestras tentaciones *(Sant. 1:12-15; Juan 8:44)*.

2. Dios nunca le permitirá ser tentado más de lo que, con la fuerza divina, usted pueda soportar *(1 Cor. 10:13)*.

3. Jesús enfrentó cada tentación como nosotros, y en un grado muy superior, pero aun así venció *(Heb. 4:15-16)*.

4. Por medio del poder de Jesús, usted puede vencer sobre la tentación *(1 Juan 5:4; Rom. 8:5-15; 1 Cor. 1:27-30)*.

5. Para mantenerse victorioso sobre la tentación, es necesario evitar esos lugares, placeres, hábitos, personas o cosas que son la fuente de la tentación *(Sant. 4:7-8; Fil. 4:7-8)*.

Ayudando a Aquellos que Tienen una Estima Propia Baja

1. Un Creador amante lo trajo a la existencia. Cuando usted le entrega su vida a él, es adoptado en su familia *(Efe. 3:10, 19; Juan 1:12)*.

2. Usted es único en su clase, y no hay nadie como usted en el universo. Usted es especial para Dios *(Isa. 43:1, 4, 7, 21; 13:12; Exo. 33:12)*.

3. Jesús dio su vida por usted. El no daría su vida por cualquiera. Usted tiene un valor inmenso a la vista de Dios *(Gál. 2:20)*.

4. Incluso sus deformidades físicas, su incapacidad y deficiencias no detienen su amor. Todas las cosas serán para bien, para aquellos que aman al Señor *(Rom. 8:28, 31-37)*.

5. Dios tiene un plan para su vida *(Sal. 37:23; Jer. 1:5)*.

6. Al poner su vida en las manos de Dios, él le permitirá alcanzar todas sus posibilidades *(Prov. 3:5-6; Sal. 1:1-3)*.

Enfrentando el Temor

1. Seguro en su amor, usted será librado del temor *(1 Juan 4:18-19; Sal. 56:3; Prov. 3:23-26)*.

2. Satanás es quien inspira temor, y Dios es quien lo libra del mismo *(2 Tim. 1:7; Sal. 27:1)*.

3. Cuando usted hecha su carga de temor sobre el Señor, él lo sostendrá y le dará descanso *(Sal. 55:22; Mat. 11:26-28)*.

4. Su presencia desvanece el temor *(Isa. 41:10; Sal. 61:2)*.

5. Siendo que usted confía en Dios, no necesita temer lo que le pueda hacer o decir sobre usted otro hombre *(Sal. 56:11)*.

6. Dado que él está en control de todas las circunstancias que lo afectan a usted, puede enfrentarlas confiadamente en él *(Sal. 46:1-2; Sal. 91:1-5)*.

Enfrentando la Soledad

1. Dios se reveló a sí mismo a Jacob en su soledad, prometiéndole su cuidado *(Gén. 28:15).*

2. Cuando Elías se desanimó, huyó a la oscuridad de una cueva. Allí, Dios le habló para animarlo en su desaliento *(1 Rey. 19:9, 11-15).*

3. Dios promete que nunca abandonará a sus hijos *(Heb. 13:5).*

4. Dado que los hombres odiaron y rechazaron a Jesús y lo dejaron solo para morir en la cruz, él comprende perfectamente su soledad *(Isa. 53:3-4; 63:3, 9).*

5. Cuando usted viene a Jesús, él llena su corazón con la gloria de su presencia. Lo adopta a usted como su hijo o hija *(2 Cor. 6:16-18).*

6. Cuando una mujer cristiana ha sufrido la vergüenza del divorcio o ha quedado viuda, tiene la seguridad de que Dios mismo llenará las necesidades de su corazón *(Isa. 54:4-8).*

7. Para librarse de su soledad, es esencial que usted dedique su vida a hacer felices a otros. Para tener amigos, usted debe convertirse en amigo de alguien *(Prov. 11:25; 18:24).*

Venciendo la Depresión

La depresión afecta a miles de personas en grados variados. Algunas depresiones son tan severas que requieren asistencia médica y psicológica, a la vez que poder espiritual. Los principios bíblicos que se presentan a continuación lo ayudarán a asistir a aquellos que están deprimidos.

Definición de la depresión: La depresión es una actitud de desaliento en la cual el presente es triste, los problemas parecen abrumadores, y el futuro ofrece pocas esperanzas.

Usted no está solo en sus sentimientos. Grandes hombres de fe, gigantes de la Biblia, se han sentido desanimados.

1. Observe el desánimo de David *(Sal. 6:6-7; 40:12; 88)*. En sus momentos de desaliento, David descubrió los siguientes principios para vencer la depresión:

   a. Dios no nos abandona en el desánimo *(Sal. 16:8; 139:7-17)*.

   b. La confianza y/o la fe nos llevan a regocijarnos aun en los tiempos difíciles *(Sal. 5; 11; 28:7-8)*.

   c. Dios utiliza las pruebas y las aflicciones para acercarnos hacia él. En cada prueba escuchamos un llamado a la oración *(Sal. 119:67, 71; 62:8)*.

   d. En tiempo de prueba, Dios tiene un control completo de mi vida *(Sal. 118:6, 8, 14, 17)*.

2. Alabar y dar gracias en medio de la depresión, puede ayudarnos a librarnos de ella *(Sal. 118:1; 113:3; 71:1-3, 8, 24; 59:16)*.

3. Dios desea que nos volvamos a él en la depresión. El se deleita en contestar nuestras oraciones *(Sal. 61:2; 60:4; 56:3, 8, 11)*.

4. El pecado que no es confesado conduce a la culpabilidad y ésta lleva a la depresión. Si usted se siente culpable por un pecado específico, siga el

consejo bíblico *(Sal. 38:17-18* [declare su culpa a Dios]; *1 Juan 1:9* [confiese sus pecados]).

5. Ore la oración de Salmo 51 y crea por la fe que Dios lo perdona. Si usted tiene un vago sentido de culpabilidad, llene su mente con el pensamiento "Dios me ama, me acepta y me recibe como su hijo" *(1 Tim. 2:3-6; 1 Ped. 3:9; Ecl. 1:3-7).*

6. A veces la depresión ocurre por razones físicas. Después de su asombrosa victoria sobre los sacerdotes de Baal en el monte Carmelo, Elías quedó tan deprimido que deseaba morir. (Recuerde que este era el hombre que Dios luego trasladó al cielo sin que viera la muerte.) Cansado, hambriento, sumamente fatigado por las tensiones de un día lleno de estrés, Elías, bajo las amenazas de Jezabel, se entregó a pensamientos tristes y depresivos. Lea *1 Reyes 19:1-4.* Dios le respondió a Elías mediante una noche de descanso, una comida caliente y palabras de ánimo *(vea 1 Rey. 19:5-13).*

7. Mientras estaba preso en Roma, Pablo descubrió los siguientes conceptos como un antídoto para el desánimo:

   a. La comprensión de la soberanía de Dios *(Fil. 1:12).*

   b. El deseo de magnificar a Cristo en todas las cosas *(Fil. 1:20).*

   c. La oración y acción de gracias en medio de la prueba *(Fil. 4:6).*

   d. Regocijarse en la prueba *(Fil. 4:4).*

   e. La comprensión de que Dios era más grande que todos sus problemas y podía suplir todas sus necesidades *(Fil. 4:13, 19).*

Sanando las Heridas de la Niñez

Muchas personas albergan amargura contra aquellos que le hicieron daño durante su niñez. El estudio bíblico que sigue ayudará a aquellos que están atrapados en la trampa de la amargura para que permitan que el Espíritu Santo sane esas heridas de la niñez.

1. La Biblia nos aconseja que pongamos a un lado las cosas infantiles o las heridas de la niñez *(1 Cor. 13:11)*.

2. Pablo nos aconseja a olvidar las cosas pasadas *(Fil. 3:13)*.

3. Sólo podemos olvidar el pasado si somos honestos con nosotros mismos y con los demás *(Efe. 4:25)*.

4. Dios nos conocía antes de que naciéramos. El tiene un plan para nuestra vida *(Jer. 1:5)*.

5. Debido a que Dios es soberano y que somos obra de sus manos, nadie puede entorpecer su plan para nuestras vidas *(Efe. 2:10)*.

6. Dios tiene un propósito para todo lo que nos ha ocurrido y hará que todo resulte hermoso en su momento *(Ecl. 3:1, 11)*.

7. El sana a los quebrantados de corazón trocando en belleza las cenizas de su vida *(Isa. 61:1-3)*.

8. Podemos perdonar a otros honestamente por la manera en que nos han tratado porque Cristo nos ha perdonado por la manera en que lo hemos tratado a él *(Efe. 4:32)*.

9. Extender el perdón a otros que nos han hecho daño termina con la amargura. Al igual que Jesús perdonó a los que lo crucificaron, nosotros podemos perdonar a aquellos que nos han herido *(Col. 3:13)*.

El espíritu de venganza es destructivo para aquel que lo alberga. Al vencer el mal con el bien, nosotros mismos somos sanados *(Rom. 12:19-21)*.

Otros podrán desearnos mal, pero Dios nos dará el bien *(Gén. 50:20)*.

Siete Pasos para Ayudar a Dejar de Fumar

1. Reconozca que fumar es un pecado contra su cuerpo y contra Dios.

   "Os ruego por las misericordias de Dios, que presentéis vuestros cuerpos en sacrificio vivo, santo, agradable a Dios, que es vuestro culto racional" *(Rom. 12:1)*.

   "Habéis sido comprados por precio; glorificad, pues, a Dios en vuestro cuerpo" *(1 Cor. 6:20)*.

2. Reconozca su debilidad e incapacidad para dejar el tabaco por sus propias fuerzas. Como la mujer del flujo de sangre, quizá ha buscado ayuda durante años. O quizá como el paralítico de Betesda, enfermo durante 38 años, usted esté también desesperado en sus esfuerzos para vencer el hábito *(Juan 5:5-8)*. Admita que es débil. Reconozca que no puede triunfar por sí solo. "Separados de mí nada podéis hacer" *(Juan 15:5)*.

3. Por la fe crea que aunque usted es débil, él [Dios] es fuerte. Aunque usted no pueda hacerlo, él es todopoderoso. Cuando escogemos rendir nuestra voluntad débil y vacilante a la suya todopoderosa, todo el poder del universo está a nuestra disposición *(Fil. 4:13; 1 Juan 5:14-15)*.

4. Ríndase usted y todo su tabaco a Dios *(Jos. 24:15; 2 Cor. 6:2)*.

5. Crea que la victoria es suya ahora y agradézcale a Dios ahora mismo por darle la victoria sobre el hábito de fumar *(1 Cor. 15:57; Mat. 7:7; 1 Juan 5:4)*.

   Puede ser que usted tenga el deseo de fumar como resultado del efecto fisiológico de la nicotina depositada en sus células. Pero no necesita fumar. Fumar es una decisión. Hay una diferencia entre el deseo y la victoria. La victoria es suya por la fe en Jesús.

6. Destruya *todo* su tabaco. Echelo a la basura. No se quede con nada. Sométase a Dios y resista al diablo *(Sant. 4:7-8)*.

7. Crea que la victoria es suya ahora. Para mantener la victoria, déle gracias a Dios por ella. Alábelo porque lo ha librado, y siga los hábitos físicos que se encuentran a continuación para eliminar la nicotina de su cuerpo.

   • Cuando siente el deseo de fumar, respire lenta y profundamente hasta que éste pase.

   • Beba 10 a 15 vasos de agua al día durante los siguientes cinco días.

   • Relájese en un bañera tibia antes de acostarse.

   • Planee dormir un mínimo de ocho horas.

   • Evite todo café y bebidas alcohólicas.

   • Dé dos caminatas de media hora cada día.

Continuamente alabe a Dios porque su poder es mayor que el tabaco *(1 Juan 4:4)*.

Encarando Problemas de Trabajo en Sábado

1. Repase el tema del sábado en la Biblia *(Gén. 2:1-3; Exo. 20:8-11; Eze. 20:12; Luc. 4:16; Hech. 13:42-44; Isa. 66:22-23)*. Tal vez no sea necesario leer todos estos textos. Con todo, es esencial que el individuo esté convencido en cuanto a la importancia del sábado.

2. Explique que Dios está interesado en las necesidades físicas del individuo y promete suplirlas *(Mat. 6:33; Fil. 4:19; Sal. 37:23-27)*.

3. Hay dos asuntos importantes involucrados en esta decisión.

   a. ¿Quién es mi verdadero dueño? ¿A la voz de quién debo escuchar *(Rom. 6:16; Hech. 5:29)*?

   b. ¿Tengo suficiente confianza en Dios para creer en su Palabra y hacer lo que él ordena *(Mar. 11:23-24)*?

4. Cuando los individuos hablan con sus empleadores, anímelos a explicar que quieren el sábado libre por razones religiosas. Han aceptado recientemente que el sábado es el día de reposo y desean adorar a Dios en ese día. Están convencidos en base a la Palabra de Dios que el sábado es el día de reposo según los mandamientos, y no pueden violar su conciencia. No quieren perder su empleo. Aprecian la compañía para la cual trabajan, pero desean estar libres desde la puesta del sol del viernes, hasta la puesta del sol del sábado. Deben explicar que están dispuestos a trabajar cualquier otro día de la semana, incluyendo el domingo, u horas extra cada día.

5. Preséntese al empleador una petición escrita de parte del pastor de la Iglesia Adventista que explique la posición bíblica. Esto permite que el empleador reconozca que el individuo es parte de una iglesia mundial con millones de miembros que observan el sábado y son empleados diligentes.

6. Ponga todo el proceso en oración. Entérese cuándo es que los individuos se acercarán a su patrón y ore fervientemente a Dios para que él intervenga.

7. Asegúrele a la persona que si pierde su empleo, Dios honrará su decisión proveyendo para sus necesidades *(Isa. 56:2; 58:13-14)*.

Declaraciones Históricas sobre el Cambio del Sábado

1. En respuesta a la pregunta, *"¿Tiene usted otra manera de probar que la Iglesia tiene autoridad para instituir fiestas de precepto?"*, Esteban Keenan respondió: "Si no tuviese tal autoridad, no hubiera podido hacer aquello que todos los autores modernos versados en religión están de acuerdo con ella; no hubiera podido sustituir la observancia del sábado, el séptimo día, por la observancia del domingo, el primer día de la semana, cambio para el cual no hay autoridad bíblica" (Esteban Keenan, *A Doctrinal Catechism* [Un catecismo doctrinal], p. 174).

2. "Podéis leer la Biblia, desde el Génesis hasta el Apocalipsis, y no encontraréis una sola línea que autorice la santificación del domingo. Las Escrituras hablan de la observancia religiosa del sábado, día que jamás santificamos" (Cardenal James Gibbons, *La fe de nuestros padres*, ed. 1923, p. 98).

3. Monseñor Segur escribió: "Fue la Iglesia Católica la que, por la autoridad de Jesucristo, ha transferido este reposo al domingo en memoria de la resurrección de nuestro Señor. *Por tanto, la observancia del domingo por los protestantes es un homenaje que rinden, a pesar de ellos mismos, a la autoridad de la Iglesia* [Católica]" (Monseñor Luis Segur, *Plain Talk About the Protestantism of Today* [Pláticas sencillas acerca del protestantismo de hoy], p. 213).

4. *"Ellos* [los católicos] se atribuyen el cambio del sábado al día del Señor, en contra, al parecer, del Decálogo; y no tienen otro ejemplo en sus labios que el cambio del día de reposo. Tendrán que considerar muy grande el poder de la iglesia, para reconocerle el derecho de prescindir de un precepto del Decálogo" (La confesión de Augsburgo [luterana], en Felipe Schaff, *The Creeds of Christendom* [Los credos de la cristiandad], t. 3, p. 64).

5. La Iglesia Católica Romana cita el Concilio de Laodicea como la voz oficial que transfirió la "solemnidad del sábado al domingo". Note las palabras de un catecismo:

   "*Pregunta.*—¿Cuál es el día de reposo?

   "*Respuesta.*—El sábado es el día de reposo.

   "*Pregunta.*—¿Por qué observamos nosotros el domingo en lugar del sábado?

   "*Respuesta.*—Observamos el domingo en lugar del sábado porque la Iglesia Católica transfirió la solemnidad del sábado al domingo" (Pedro Geiermann, *The Convert's Catechism of Catholic Doctrine* [Catecismo de doctrina católica para el converso], ed. 1946, p. 50).

Entendiendo a las Iglesias, Denominaciones y otros Grupos Religiosos

Su origen, algunas doctrinas centrales, creencias comunes con los Adventistas del Séptimo Día, malentendidos doctrinales, y métodos sugerentes de acercamiento.

Los Bautistas

La Iglesia Bautista está dividida en aproximadamente 25 diferentes grupos, con una feligresía de cerca de 30 millones en los Estados Unidos. Los bautistas datan sus comienzos en la Reforma, cuando algunos estudiantes de la Biblia descubrieron la verdad bíblica del bautismo por inmersión. Los bautistas, desde ese entonces, rechazan la aspersión como una práctica no bíblica, aceptan la interpretación literal de la Biblia y la salvación sólo a través de la gracia de Jesús. Con la Palabra como su guía, la cruz como el centro de su fe, y el bautismo por inmersión como la expresión externa de la fe interior, los bautistas llevaron la antorcha de la verdad más allá de Lutero.

John Smyth fundó la primera iglesia bautista en Gran Bretaña en 1611. En Inglaterra y luego en América, los primeros bautistas creyeron que la salvación era posible para todos. Rechazaron la posición de Calvino de que la salvación era para un grupo limitado de personas predestinadas. Hacia 1644 había cerca de 50 iglesias bautistas en Inglaterra. Los bautistas americanos rastrean su origen hasta Roger Williams, quien dejó la colonia de la Bahía de Massachusetts para establecer el Estado de Rhode Island. Fuertes convicciones en favor de la separación de Iglesia y Estado llevaron a Williams a fundar una colonia en la cual todos pudieran practicar su religión en armonía con los dictados de su conciencia. A lo largo de los siglos, los bautistas han sido fuertes promotores de la libertad religiosa. Las primeras iglesias bautistas en tierras americanas, fundadas por Williams en Providence, Rhode Island en 1639, y por John Clarke en Newport, Rhode Island en 1648, fueron bastiones de libertad religiosa. Los bautistas han defendido dos verdades especiales a través de los siglos: (1) el bautismo por inmersión, y (2) la libertad religiosa. Un pequeño grupo de bautistas han mantenido su lealtad a la observancia del sábado. Los adventistas del séptimo día tienen mucho en común con sus hermanos y hermanas bautistas.

Algunas doctrinas que tenemos en común con los bautistas

1. La Biblia es la única regla de fe y conducta (aunque algunos bautistas insisten en la inspiración verbal de cada palabra de la Biblia).

2. Salvación sólo por gracia.

3. La Trinidad.

4. El hecho de que Jesús vendrá por segunda vez.

5. El bautismo por inmersión.

6. La separación de Iglesia y Estado.

Algunos malentendidos doctrinales de los bautistas y cómo contestarlos con la Biblia

1. **El rapto secreto:** La creencia de que Cristo regresará en secreto antes de la tribulación (plagas) para arrebatar o raptar a su iglesia, dejando a los perdidos sobre la tierra para enfrentar las plagas.

   (Ver *1 Tes. 4:16-17; 2 Tes. 1:7-9; Mat. 13:30; Luc. 17:26-37; Mat. 24:27; Sal. 50:3; Apoc. 1:7.*)

2. **La inmortalidad del alma:** La creencia que cada individuo tiene un alma inmortal, indestructible e independiente del cuerpo, al cual abandona en ocasión de la muerte para ir al cielo o al infierno.

   (Ver *1 Tim. 6:15-16; Gén. 2:7; Ecl. 12:7; Job 27:3; Sal. 146:4; 6:5; 115:17; Juan 11:11-14.*)
   Recuerde que la Biblia utiliza la palabra "alma" 1.600 veces y que nunca la califica como "alma inmortal". La Biblia se refiere 53 veces a la muerte como a un sueño.

3. **El tormento eterno:** La creencia de que Dios castiga a los perdidos en el infierno por toda la eternidad.

(Ver *Mal. 4:1-3; Sal. 37:10-11, 20, 38; Jud. 7; 2 Ped. 2:6; Apoc. 20:9; Heb. 12:29.*

4. **Una vez salvo, siempre salvo:** La creencia que una vez que un individuo viene a Cristo nunca podrá perder su salvación.

(Ver *1 Cor. 15:1-2; 2 Ped. 2:20-22; 1 Cor. 9:27* [la palabra "eliminado" que se utiliza aquí, es la misma palabra que se usa en *Jer. 6:30* y se traduce "desechado"]; *Heb. 4:4-7; Apoc. 3:5; Fil. 4:3*: Cuando aceptamos a Cristo, nuestros nombres son colocados en el Libro de la Vida. Siendo que pueden borrarse, es posible que aquellos que una vez aceptaron a Jesús, después lo rechacen.)

5. **La santidad del domingo:** La creencia de que debido a que Jesús resucitó de los muertos en el primer día, todos los cristianos debieran adorar en ese día.

(Ver *Gén. 2:1-3; Exo. 20:8-11; Eze. 20:12-20; Luc. 4:16; Mat. 24:20; Hech. 13:42-44; Apoc. 1:10; Mat. 12:8; Luc. 6:5; Isa. 66:22-23.)*

6. **La ley fue abolida por Cristo:** (Ver *Mat. 5:17-18; Juan 14:15; Rom. 6:13-14; 3:28-31; Sal. 40:8; Heb. 8:10; 1 Juan 2:3-6; Sant. 2:10-17.)*

Para Acercarse a los Bautistas

Al acercarse a sus amigos bautistas, comience con puntos que se tienen en común. No entre inmediatamente en una discusión acerca del sábado, más bien hable de Jesús. Ponga énfasis en que la salvación es por gracia. Discuta la importancia de entender que la base de la justificación es el acto redentor de Dios en la cruz, aceptado por el hombre por medio de la fe. Explique que el amor siempre conduce a la obediencia.

(Ver *Efe. 2:8-10; Sant. 1:10-17; Rom. 3:15-31; 6:14-15; Juan 14:15.)* Es mejor evitar una discusión a cualquier costo. Usted podrá ganar una discusión, pero puede perder a un amigo. Establezca una buena comunicación. Desarrolle amistades basadas en un amor común por Jesús. Ore con y por su amigo bautista. Alaben a Dios juntos por lo que ha hecho en su vida. Luego de establecerse esta relación, cuando el amor mutuo hacia Cristo domina ambos corazones, cuando llegue el momento adecuado, bajo la dirección del Espíritu Santo, explique las verdades únicas de la Iglesia Adventista del Séptimo Día.

Puede dar estos pasos:

1. Comparta su testimonio personal acerca de lo que Jesús ha hecho por usted.

2. Comparta sus pensamientos acerca de la importancia de conocer a Jesús por medio de una vida devocional práctica.

3. Comparta un casete de sermón cristocéntrico, o un libro apropiado tal como *El Deseado de todas las gentes* o *El camino a Cristo* o un artículo de *El Centinela*.

4. Invite a sus amigos bautistas a su hogar para una cena.

5. Comparta lecciones de algún juego de estudios bíblicos (''Así Está Escrito'') cuando su amigo se muestre receptivo.

Iglesias de la Biblia, no Denominacionales

Iglesias de la Biblia no afiliadas a ninguna denominación, surgieron de un movimiento de regreso a la Biblia de parte de cristianos fundamentalistas, durante las últimas cinco décadas en los Estados Unidos. Sienten que las iglesias tradicionales tienen problemas de apostasía, y por lo tanto tienen el deseo ferviente de regresar a la esencia del cristianismo del Nuevo Testamento. Estos grupos son caracterizados por pastores fuertes, cuya predicación bíblica y liderazgo carismático han producido la fundación de iglesias independientes con autoridad basada en cada congregación local. No pertenecen a ninguna estructura denominacional central. Sus doctrinas son bastante similares pero varían en puntos menores. Generalmente, las Iglesias de la Biblia se caracterizan por:

1. Una interpretación literal de la Biblia.

2. Una fuerte creencia en la salvación por gracia.

3. Una interpretación futurista de la profecía, incluyendo la creencia en el rapto.

4. Una creencia en la inmortalidad del alma.

5. La aceptación del domingo como el día del Señor debido a la resurrección de Jesús en ese día.

6. Un servicio de adoración sencillo, Cristocéntrico, que incluye cantos fervientes, predicación bíblica e inspiradora, y una comunión entre miembros amable y llena de amor.

7. La creencia de que ''una vez salvos, siempre salvos''.

8. La mayoría cree que la ley fue abolida en la cruz.

Algunas doctrinas que tenemos en común con las Iglesias de la Biblia no denominacionales

1. Un énfasis fuerte en la Biblia.

2. La Trinidad.

3. Una predicación Cristocéntrica.

4. La creencia de que la salvación es solamente por gracia.

5. La creencia en la segunda venida de Jesús.

6. La percepción de una apostasía general en el cristianismo y el deseo ferviente de regresar a la fe de los creyentes del Nuevo Testamento.

7. La disposición a abandonar las iglesias tradicionales.

Algunos malentendidos doctrinales de las Iglesias de la Biblia y cómo contestarlos con la Biblia

1. **El rapto secreto:** La creencia de que Cristo regresará en secreto antes de la tribulación (plagas) para arrebatar o raptar a su iglesia, dejando a los perdidos sobre la tierra para enfrentar las plagas.

   (Ver *1 Tes. 4:16-17; 2 Tes. 1:7-9; Mat. 13:30; Luc. 17:26-37; Mat. 24:27; Sal. 50:3; Apoc. 1:7*.)

2. **Una vez salvo, siempre salvo:** La creencia que una vez que un individuo viene a Cristo nunca podrá perder su salvación.

   (Ver *1 Cor. 15:1-2; 2 Ped. 2:20-22; 1 Cor. 9:27* [la palabra "eliminado" que se utiliza aquí, es la misma palabra que se usa en *Jer. 6:30* y se traduce "desechado"]; *Heb. 4:4-7; Apoc. 3:5; Fil. 4:3*: Cuando aceptamos a Cristo, nuestros nombres son colocados en el Libro de la Vida. Siendo que pueden borrarse, es posible que aquellos que una vez aceptaron a Jesús, después lo rechacen.)

3. **La inmortalidad del alma:** La creencia que cada individuo tiene un alma inmortal, indestructible e independiente del cuerpo, al cual abandona en ocasión de la muerte para ir al cielo o al infierno.

   (Ver *1 Tim. 6:15-16; Gén. 2:7; Ecl. 12:7; Job 27:3; Sal. 146:4; 6:5; 115:17; Juan 11:11-14*.) Recuerde que la Biblia utiliza la palabra "alma"

1.600 veces y que nunca la califica como "alma inmortal". La Biblia se refiere 53 veces a la muerte como a un sueño.

4. **La santidad del domingo:** La creencia de que debido a que Jesús resucitó de los muertos en el primer día, todos los cristianos debieran adorar en ese día.

   (Ver *Gén. 2:1-3; Exo. 20:8-11; Eze. 20:12-20; Luc. 4:16; Mat. 24:20; Hech. 13:42-44; Apoc. 1:10; Mat. 12:8; Luc. 6:5; Isa. 66:22-23.*)

5. **La ley fue abolida por Cristo:**

   (Ver *Mat. 5:17-18; Juan 14:15; Rom. 6:13-14; 3:28-31; Sal. 40:8; Heb. 8:10; 1 Juan 2:3-6; Sant. 2:10-17.*)

Para acercarse a amigos que pertenecen a una Iglesia de la Biblia no denominacional

1. Establezca lazos de amor cristiano y comunión mutua basados en la unidad en Cristo y en su creencia en que la Biblia es la Palabra de Dios.

2. Dedique tiempo a compartir su testimonio personal de salvación por medio de Cristo únicamente.

3. Haga hincapié en que la Biblia como Palabra de Dios es la única regla de fe.

4. Discuta la forma en que Jesús vendrá por segunda vez. Presente un estudio que muestre que el rapto no es bíblico. Esto allanará el camino para estudios futuros.

5. Presente estudios sobre *Daniel 2* y *Mateo 24* para reforzar el tema de la forma de la segunda venida.

6. Puede ser útil presentar un estudio sobre "¿Por qué hay tantas denominaciones?" basado en *Apoc. 14:6-12*, y capítulos *17 y 18*.

Los Budistas

Buda es el título dado a un joven llamado Gautama, quien fundó la religión budista. Buda significa "plenamente esclarecido". Buda vivió en el siglo VI a. C. o aproximadamente 2.500 años atrás. En un tiempo, casi un tercio de todos los habitantes del mundo eran budistas. El budismo es la principal religión de Sri Lanka, y el Asia central, oriental y del sur. Enseña que el secreto de la vida es el amor fraternal y que el egoísmo es la raíz de todas las penas del mundo. Este sólo puede ser erradicado por medio del "Camino de ocho vías". Estas son:

1. Creencias correctas

2. Esfuerzos correctos

3. Pensamientos correctos

4. Ideales correctos

5. Obras correctas

6. Acciones correctas

7. Forma correcta de ganarse la vida

8. Meditación correcta

El secreto de la vida es el amor. Sólo el amor puede vencer el odio. Amar a los enemigos es la prenda de la vida. El objetivo cumbre de la vida es Nirvana, un estado de completa paz y amor. Uno de los fracasos mayores del budismo está en no entender cuál es la fuente de este amor; tampoco entiende cuál es la naturaleza del hombre caído, ni la redención que es posible sólo a través de Jesucristo. Los budistas ven a Dios como un ser impersonal, Jesús como un Dios-hombre, la salvación como una conciencia cósmica de paz y amor, sin identidad personal, y obtenida en base a las buenas obras.

Para acercarse a personas de mentalidad budista

1. Compartir el gozo, la paz y el amor que Jesús trae a la vida.

2. Hacer preguntas tales como: ¿Cuál es la fuente del amor? ¿Por qué hacemos el mal cuando deseamos hacer el bien? ¿Mienten los hombres buenos (mentir es uno de los pecados peores para el budista)? ¿Mentiría Jesús, siendo un hombre bueno, acerca de su identidad como Hijo de Dios? ¿Por qué es que fracasamos en hacer lo bueno? ¿Por qué nos sentimos culpables tan a menudo? ¿Por qué siempre parece que nos falta algo en la vida?

3. Comparta la idea de que el objetivo del amor es muy admirable. Estudie el origen del mal y el plan de salvación y redención sólo a través de Jesús.

4. Establezca confianza en la Biblia por medio del estudio de las profecías. A los budistas los impresionan en particular profecías tales como *Daniel 2*, predicciones de Cristo en el Antiguo Testamento, y acerca de su segunda venida.

Los Católicos

La Iglesia Católica Romana intenta establecer su origen a partir de los tiempos del Nuevo Testamento y con Pedro como el primer papa. Toma las palabras de Jesús "Tú eres Pedro, y sobre esta roca edificaré mi iglesia;... a ti te daré las llaves del reino de los cielos" *(Mat. 16:18-19)*, para enseñar que al papa se le dio autoridad divina, y en base a eso toma la posición de que la autoridad de la iglesia es superior a la de las Escrituras. Para conseguir la verdad debe combinarse la Biblia, tal como la interpretan la iglesia y los sacerdotes, con las tradiciones de la iglesia. Las enseñanzas de los concilios de la iglesia a través de los siglos, las encíclicas y otros decretos del papa constituyen la base de la verdad.

Hay aproximadamente 926 millones de católicos en el mundo, un 18,5 por ciento de la población total. Considerando que sólo 32 por ciento de la población mundial es cristiana, el catolicismo es una potencia político religiosa dominante. Aproximadamente uno de cada cuatro habitantes de los Estados Unidos es católico (53 millones). Muchos son cristianos sinceros que buscan la paz y la libertad de la culpa que sólo Cristo puede dar. Miles anhelan la certeza que proviene sólo de la Palabra de Dios. De todos los grupos religiosos, los católicos son probablemente el campo más receptivo a la verdad de Dios.

Algunas doctrinas que tenemos en común con los católicos

1. La Deidad.

2. La virginidad de María (no su inmaculada concepción).

3. La necesidad de obedecer a Dios.

4. La inspiración de la Biblia.

5. La segunda venida de Cristo.

6. La importancia de la oración.

Algunos malentendidos doctrinales de los católicos y cómo contestarlos con la Biblia

1. **La sucesión papal:** El concepto de que Jesús le dio autoridad a Pedro, la que se ha transferido a través de los siglos a cada papa como la ''cabeza'' o fundamento de la iglesia.

   (Ver *Efe. 1:22; 4:15; 1 Cor. 10:4; Deut. 32:3-4; Sal. 62:1, 3; 1 Ped. 2:7.*)

2. **Los sacramentos:** El concepto de que Dios dispensa su gracia a través de los sacramentos del bautismo, la confirmación, la confesión, la santa comunión, el matrimonio, los ritos sagrados, o la extrema unción.

   (Jesús es el canal de la gracia de Dios para el mundo, *Efe. 2:5; Rom. 6:14-15; 3:25-31.*)

3. **El purgatorio:** La creencia de que los individuos que no merecen el cielo, pero que no son tan malos como para merecer el infierno, sufren en un estado intermedio hasta que sus pecados son purgados. Este concepto está basado en la falsa creencia de la inmortalidad del alma y en una comprensión equivocada de la salvación.

   (Ver *Sal. 6:5; 115:17; Ecl. 9:5; Juan 11:11-14* y también *Heb. 4:15; Efe. 2:8; Rom. 3:25-26.*)

4. **La tradición es superior a la Biblia:** La creencia de que la Escritura debe ser interpretada por la iglesia y colocada a la par de los decretos conciliares de la iglesia para entenderse correctamente.

   (Ver *Juan 17:17; 2 Tim. 3:16; Juan 5:39; 2 Tim. 2:15; Juan 16:7-13.*)

5. **La inmaculada concepción:** La idea de que Jesús fue sin pecado porque María fue protegida milagrosamente del pecado por el Espíritu Santo.

   (Ver *Rom. 3:23; 3:9-12; Isa. 64:6; Jer. 17:9.*)

6. **La confesión:** La creencia de que un sacerdote terrenal es el mediador entre Dios y el hombre. (Ver *1 Tim. 2:5; Heb. 4:14-16; 1 Juan 1:9.*)

7. **Milagros/visiones/señales/prodigios:** La creencia de que las señales milagrosas autentican, confirman y establecen la verdad. La posición bíblica es que debido a que Satanás puede falsificar los milagros, todas las señales deben probarse por medio de la Palabra de Dios.

    (Ver *Apoc. 16:13-14; 19:20; Mat. 7:21-23; 24:24; Deut. 13:1-3; Isa. 8:20; Luc. 16:31.*)

8. **La inmortalidad del alma:** La creencia de que cada individuo tiene un alma inmortal, indestructible e independiente del cuerpo, al cual abandona en ocasión de la muerte para ir al cielo o al infierno.

    (Ver *1 Tim. 6:15-16; Gén. 2:7; Ecl. 12:7; Job 27:3; Sal. 146:4; 6:5; 115:17; Juan 11:11-14.*) Recuerde que la Biblia utiliza la palabra "alma" 1.600 veces y que nunca la califica como "alma inmortal". La Biblia se refiere 53 veces a la muerte como a un sueño.

9. **La santidad del domingo:** La creencia de que debido a que Jesús resucitó de los muertos en el primer día, todos los cristianos debieran adorar en ese día.

    (Ver *Gén. 2:1-3; Exo. 20:8-11; Eze. 20:12-20; Luc. 4:16; Mat. 24:20; Hech. 13:42-44; Apoc. 1:10; Mat. 12:8; Luc. 6:5; Isa. 66:22-23.*)

10. **Oraciones por los muertos:** La creencia de que las oraciones pueden influir sobre Dios para que libre a las almas sufrientes del purgatorio.

    (Ver *Ecl. 9:5; Sal. 115:17; 6:5; 146:3-4; Juan 11:11-14; Eze. 14:14, 20; Sal. 49:7-8; 1 Tim. 2:6.*)

11. **Bautismo de infantes:** Los bebés son bautizados para cubrir el pecado de Adán (llamado el "pecado original").

(Ver Mar. 16:16; Hech. 2:38-42; Mat. 28:18-20.)

Para acercarse a personas con mentalidad católica

Como con todos los demás, el compartir la Palabra de Dios en un ambiente de amistad, honestidad y sencillez, tiene un poderoso efecto. Tenga en mente las siguientes ideas:

1. Los católicos generalmente sienten una gran reverencia por la Palabra de Dios, aunque muchos ignoran sus enseñanzas, porque nunca la han estudiado. Hay un grupo creciente de católicos evangélicos que estudian la Biblia con regularidad.

2. Los católicos a menudo pasan por grandes conflictos espirituales internos por causa de su creencia en la salvación por las obras. Necesitan la seguridad de la salvación en Cristo (*1 Juan 5:11-17*).

3. Los católicos a menudo están dispuestos a conocer mejor la verdad bíblica, particularmente las profecías. Quedan fascinados con temas tales como *Daniel 2, Mateo 24*, y las predicciones sobre la vida de Cristo.

4. Comience sus estudios estableciendo la autoridad de la Biblia, siga con los temas proféticos, y luego condúzcalos al tema de cómo somos salvos. Deje los temas tales como la ley, el sábado y el cambio del día de reposo hasta que haya tenido un mínimo de diez estudios previos.

5. Cuando usted presenta el sábado, déle atención especial al hecho de que éste es parte de los mandamientos, los que los católicos aceptan, y que es el centro de la ley de Dios.

6. Con gentileza guíe a sus amigos católicos a la comprensión de que la Biblia, no la iglesia, es la base de toda doctrina y el fundamento de toda decisión moral.

7. Los católicos apreciarán que usted ore fervientemente y con sinceridad en favor de ellos.

A menudo los católicos son estudiantes anhelosos de la Palabra. Sus corazones arden por conocer más la verdad. Desean conocer la voluntad de Dios. Si se presenta la verdad con amor y lógica, miles de católicos la aceptarán.

La Ciencia Cristiana (Christian Scientists)

La ciencia cristiana se originó en Boston, Massachusetts como resultado de las supuestas visiones de Mary Baker Eddy a mediados del siglo XIX. El tema dominante de la ciencia cristiana es el poder de la mente espiritual para controlar las fuerzas materiales. Ellos creen que la Biblia es simbólica y altamente figurativa. El diablo no existe. El mal es sólo un producto de la imaginación. Las enfermedades, el sufrimiento, el dolor y la muerte son en realidad apariencias. En 1875, Mary Baker Eddy publicó su libro *Ciencia y Salud* con una clave para entender las Escrituras. Ella razona que debido a que Dios es bueno, infinito y omnipotente, el mal es inconsistente con el carácter de Dios. Los científicos cristianos creen que *Génesis 1* revela que la creación es espiritual y perfecta, mientras que *Génesis 2* es un relato alegórico de la creación material falsa y los resultados terribles de aceptar un concepto errado del hombre. No tienen ministros ordenados. La iglesia de la ciencia cristiana publica el periódico internacional *Christian Science Monitor*, con una amplia circulación a nivel mundial.

Algunas doctrinas que tenemos en común con los científicos cristianos

1. Dios es el Padre eterno, amante y omnisapiente de toda la humanidad.

2. La mente tiene una poderosa influencia sobre el cuerpo.

3. Dios todavía guía a su iglesia por medio del don de la profecía.

Algunos malentendidos doctrinales de la Iglesia de la Ciencia Cristiana y cómo contestarlos con la Biblia

1. **La Biblia es alegórica:** La creencia de que ninguna de las declaraciones de la Biblia han de tomarse literalmente.

   (Ver *2 Tim. 3:16; 2 Ped. 1:21; Juan 17:17; Apoc. 21:5; Juan 5:39.*)

2. **No existe el diablo:** La creencia de que el diablo es un personaje ficticio o imaginario.

   (Ver *Eze. 28:12-15; Isa. 14:12-14; Apoc. 12:7-9; Mat. 4:1-6; 1 Ped. 5:8; Efe. 6:10-12.*)

3. **La inmortalidad del alma:** La creencia que cada individuo tiene un alma inmortal, indestructible e independiente del cuerpo, al cual abandona en ocasión de la muerte para ir al cielo o al infierno.

   (Ver *1 Tim. 6:15-16; Gén. 2:7; Ecl. 12:7; Job 27:3; Sal. 146:4; 6:5; 115:17; Juan 11:11-14.*) Recuerde que la Biblia utiliza la palabra ''alma'' 1.600 veces y que nunca la califica como ''alma inmortal''. La Biblia se refiere 53 veces a la muerte como a un sueño.

Para acercarse a los científicos cristianos

Con su énfasis en el pensamiento positivo, actitudes mentales saludables, alegría, desinterés y gratitud, la ciencia cristiana ha atraído a un gran número de miembros con buena educación y prosperidad económica. Los cultos de la iglesia consisten en lecturas de la Biblia, testimonios de creyentes y lecturas de los escritos de Mary Baker Eddy. Desarrolle una relación cordial con sus amigos científicos cristianos invitándolos a cenar. Compartir libros como *El Deseado de todas las gentes* ayuda en el proceso de establecer la amistad. Las siguientes sugerencias pueden ayudar a alcanzar a sus vecinos científicos cristianos:

1. Establezca confianza en la Biblia a través de las evidencias de la arqueología y las profecías.

2. Tome tiempo para explicar los aspectos legales del gran conflicto mostrando que la paga del pecado es muerte (*Rom. 6:23*).

3. Asegúrese de definir claramente el pecado (*1 Juan 3:4*).

4. Estudie cuidadosamente el plan de salvación y por qué Jesús tuvo que morir.

Encontrará que sus amigos científicos cristianos son extremadamente corteses y agradables. Su gran necesidad es la de comprender plenamente el plan de salvación, el significado de la expiación de Cristo, por qué Cristo murió, y especialmente lo que esto significa para cada persona.

Las Iglesias de Cristo

Fundada por Alexander Campbell por el año 1845, la Iglesia de Cristo surgió de la Iglesia Presbiteriana. Campbell comenzó a lamentarse de los credos y sistemas humanos. Durante el comienzo del siglo XIX, los seguidores de Campbell se dividieron en cuanto al tema de la música instrumental y el establecimiento de una Sociedad Misionera Cristiana. Para 1906 se adoptó el nombre de Iglesias de Cristo. La feligresía de las Iglesias de Cristo permanece alrededor de 2,7 millones en la actualidad, aunque el número es difícil de verificar debido a que cada congregación local es un cuerpo independiente y se gobierna a sí misma como una unidad. Las creencias principales de las Iglesias de Cristo incluyen:

1. La inspiración de la Biblia, pero sostienen que el Antiguo Testamento es inferior al Nuevo. Creen que toda forma de adoración, organización, doctrina, disciplina, administración de iglesia y creencias fundamentales deben surgir únicamente del Nuevo Testamento.

2. Estamos bajo el Nuevo Pacto y todos los requisitos del Antiguo Testamento han sido eliminados (el sábado, la vida saludable, etc.).

3. La inmortalidad del alma y el tormento eterno.

4. La santidad del domingo; arguyen que el domingo no es el día de reposo del antiguo pacto, sino que es el día del Señor del nuevo pacto.

5. Se debe celebrar la comunión en cada servicio de adoración.

6. Creen que el nombre ''Iglesia de Cristo'' es el único nombre bíblico para una iglesia. Utilizan textos como *Rom. 16:16; Col. 1:24; Efe. 5:27.*

Algunas doctrinas que tenemos en común con las Iglesias de Cristo

1. La importancia de la Biblia como el fundamento de la fe.

2. Cristo es el único Salvador de la raza humana.

3. La segunda venida literal, visible y audible de Jesús.

4. El bautismo por inmersión.

5. Testificar es una forma de vida para cada creyente.

Algunos malentendidos doctrinales de la Iglesia de Cristo y cómo contestarlos con la Biblia

1. **El Antiguo Testamento es de alguna manera inferior al Nuevo Testamento.** Toda doctrina debe provenir únicamente del Nuevo Testamento.

   (Ver *2 Tim. 3:16-17; 2 Ped. 1:21; 1 Ped. 1:9-11; Luc. 24:27, 44.*)

2. **La santidad del domingo:** La creencia de que debido a que Jesús resucitó de los muertos en el primer día, todos los cristianos debieran adorar en ese día.

   (Ver *Gén. 2:1-3; Exo. 20:8-11; Eze. 20:12-20; Luc. 4:16; Mat. 24:20; Hech. 13:42-44; Apoc. 1:10; Mat. 12:8; Luc. 6:5; Isa. 66:22-23.*)

3. **La inmortalidad del alma:** La creencia de que cada individuo tiene un alma inmortal, indestructible e independiente del cuerpo, al cual abandona en ocasión de la muerte para ir al cielo o al infierno.

   (Ver *1 Tim. 6:15-16; Gén. 2:7; Ecl. 12:7; Job 27:3; Sal. 146:4; 6:5; 115:17; Juan 11:11-14.*) Recuerde que la Biblia utiliza la palabra ''alma'' 1.600 veces y que nunca la califica como ''alma inmortal''. La Biblia se refiere 53 veces a la muerte como a un sueño.

4. **El tormento eterno:** La creencia de que Dios castiga a los perdidos en el infierno por toda la eternidad.

   (Ver *Mal. 4:1-3; Sal. 37:10-11, 20, 38; Jud. 7; 2 Ped. 2:6; Apoc. 20:9; Heb. 12:29.*)

5. **El nombre Iglesia de Cristo** está inspirado divinamente y ha sido escogido por Dios como el nombre de la iglesia del Nuevo Testamento.

   (Ver *Mat. 7:21-27; 1 Juan 2:3-4; Apoc. 14:12; Juan 14:15; 15:14.*)

6. **El Nuevo Pacto hace a un lado la ley de Dios.**

   (Ver *Heb. 8:10; Juan 14:15; Sant. 2:10-12; 1 Juan 2:3-4; Apoc. 14:12.*)

7. **Vivimos actualmente en la "dispensación eclesiástica"** en la que Dios se comunica con nosotros primordialmente por medio de las epístolas de Pablo.

   (Ver *Juan 5:34; 2 Tim. 3:16-17; Jer. 15:16; Juan 6:63; Luc. 24:27, 44.*) Jesús y su Palabra son la regla de conducta para el cristiano *(Mat. 7:21-27; Isa. 8:20; Sal. 119:105).*

Posibles acercamientos para miembros de la Iglesia de Cristo

1. Desarrolle un lazo fuerte de amistad. A menudo son muy argumentadores y tratan de probar que el nombre Iglesia de Cristo es el correcto a la vez que la idea de que estamos bajo el Nuevo Pacto.

2. Es mejor compartir su testimonio personal de Jesús primero. Evite argumentos en cuanto sea posible.

3. Comparta publicaciones tales como artículos de *El Centinela* sobre el regreso del Señor y libros apropiados para compartir el Evangelio. El *Camino a Cristo* es excelente.

4. Cuando usted note que sus amigos tienen una actitud receptiva, comience una serie de estudios sobre las profecías de Daniel y Apocalipsis. Los mensajes proféticos estimularán su pensamiento y lo conducirán a las verdades más profundas de las Escrituras.

5. Establezca un contacto semanal con lecciones de la Voz de la Esperanza o *La fe de Jesús* o invítelos a una serie de conferencias.

Los Episcopales

Los episcopales remontan sus raíces al Anglicanismo inglés, cuando Enrique VIII se separó de la Iglesia Católica Romana en 1534 por razones políticas. La Iglesia Episcopal ha mantenido una liturgia al estilo católico: con arzobispos, obispos y sacerdotes. Los episcopales aceptan las Escrituras como mensajes pastorales, llenos de instrucciones para la vida cristiana, en vez de declaraciones dogmáticas de doctrinas basadas en el principio de autoridad. No hay reglas rígidas. Aceptan las Escrituras tal como las interpreta la tradición. La iglesia es extremadamente tolerante, permisiva y socialmente activa. Como tal es fuertemente ecuménica. Hay aproximadamente 2,5 millones de episcopales en los Estados Unidos. El *Libro de oración común* publicado en 1549 provee una base para sus creencias doctrinales. Su credo retiene el bautismo infantil, la inmortalidad del alma, la observancia del domingo y la posición de que la Biblia ha sido condicionada por la cultura que la produjo. Creen que la Biblia no es la Palabra autorizada de Dios y la norma de toda doctrina. Algunos expresan dudas acerca del nacimiento virginal de Jesús, la divinidad de Cristo, los milagros, la segunda venida literal y la realidad de los ángeles.

Algunas creencias doctrinales que tenemos en común con los episcopales

1. La Deidad: la existencia de tres seres separados y distintos que son coiguales, coeternos, todopoderosos y omnipotentes. Estos son: el Padre, el Hijo y el Espíritu Santo.

2. La naturaleza de Dios. Los episcopales y los adventistas enfatizan fuertemente que Dios es amor.

3. El triunfo definitivo de la verdad. Los episcopales y los adventistas del séptimo día creen que los propósitos de Dios finalmente se cumplirán.

4. La oración. Los episcopales y los adventistas creen en un Dios que contesta las oraciones.

5. Conciencia social. Los episcopales y los adventistas creen que el amor cristiano conduce al cuidado de los pobres y los sufrientes por medio del servicio social.

Algunos malentendidos doctrinales de los episcopales y cómo contestarlos con la Biblia

1. **La Biblia ha sido condicionada por la cultura y por lo tanto no es la autoridad final en materia de fe.**

   (Ver *2 Tim. 3:16-17; Juan 17:17; 2 Ped. 1:21; 1 Tim. 2:15; Juan 7:17.*)

2. **La santidad del domingo:** La creencia de que debido a que Jesús resucitó de los muertos en el primer día, todos los cristianos debieran adorar en ese día.

   (Ver *Gén. 2:1-3; Exo. 20:8-11; Eze. 20:12-20; Luc. 4:16; Mat. 24:20; Hech. 13:42-44; Apoc. 1:10; Mat. 12:8; Luc. 6:5; Isa. 66:22-23.*)

3. **La inmortalidad del alma:** La creencia que cada individuo tiene un alma inmortal, indestructible e independiente del cuerpo, al cual abandona en ocasión de la muerte para ir al cielo o al infierno.

   (Ver *1 Tim. 6:15-16; Gén. 2:7; Ecl. 12:7; Job 27:3; Sal. 146:4; 6:5; 115:17; Juan 11:11-14.*) Recuerde que la Biblia utiliza la palabra "alma" 1.600 veces y que nunca la califica como "alma inmortal". La Biblia se refiere 53 veces a la muerte como a un sueño.

4. **El bautismo de infantes:** Los bebés son bautizados para cubrir el pecado de Adán, llamado el pecado original.

   (Ver *Mat. 3:13-17; Col. 2:12; Mat. 28:19-20; Rom. 6:1-6; Hech. 8:35-38; 2:38-41; Mar. 16:15-16; Juan 3:23.*)

5. **La salvación proviene de vivir una buena vida moral.**

(Ver *Rom. 3:10; Jer. 17:9; Isa. 64:6; 2 Cor. 5:21; Gál. 3:13; Rom. 3:23-28; 5:18.*) Presente claramente a sus amigos episcopales la belleza del sacrificio de Cristo.

Posibles acercamientos a sus amigos episcopales

Los episcopales son personas sumamente amistosas, solícitas y afectuosas. Al desarrollar una relación personal con sus amigos episcopales, comparta libremente su testimonio. Describa lo que Jesús significa para usted. Recuerde que el amor de Jesús derretirá corazones cuando la mera repetición de la doctrina no logrará nada. Cuando se desarrolle el interés gracias a su testimonio, comparta un estudio sobre la inspiración de la Biblia. Esto es esencial debido al concepto tan libre de las Escrituras que tienen los episcopales. Siga esto con estudios claramente proféticos tales como *Daniel 2, Mateo 24*, y la manera en que vendrá Jesús. El Espíritu tocará los corazones. Muchos despertarán de su somnolencia a una nueva vida en Cristo.

Los Hindúes

Los hindúes derivan su nombre de *hindustan*, una palabra persa que significa la tierra de los hindúes. Este nombre a menudo se aplicaba a toda la península de la India. Los hombres hindúes se distinguen por sus largos turbantes, mientras que las damas se caracterizan por sus saris de colores. Tradicionalmente, los hindúes están divididos en cuatro castas: los brahmanes, los chatrias, los vasias y los sudras. Los que no pertenecen a ninguna casta se los llama "los intocables". Es muy común la lucha tribal entre castas. La casta brahmán es considerada la casta superior y más inteligente. Entre miembros de diferentes castas están prohibidos los matrimonios, las asociaciones íntimas y las sociedades comerciales.

Los hindúes generalmente creen que:

1. Dios es un ser impersonal que se encuentra presente en todas partes. Por eso son panteístas.

2. La salvación proviene de la purificación por medio de obras de justicia.

3. Por el proceso de la reencarnación, o sea, una serie de muertes y nacimientos, el individuo finalmente alcanza el ciclo de la perfección llamado el *karma*.

4. Jesús era solamente un buen hombre, un maestro inspirado, o un profeta.

5. Las antiguas escrituras de la India tales como el *Bagda Vita* son de calidad superior a las enseñanzas morales de la Biblia.

6. La esencia de la vida está en desarrollar el "Dios dentro de uno" a un estado de perfección moral.

Posibles acercamientos

Hay muy poco parecido entre el cristianismo y el hinduismo. El terreno común es mínimo. La mayoría de los intentos cristianos para alcanzar a los hindúes no han tenido éxito. Debido a que no aceptan la Biblia, hay pocas bases para comenzar un diálogo, excepto por medio de la amistad y el razonamiento filosófico. Sugerimos lo siguiente:

1. Establezca una relación de amistad. Invite a sus amigos hindúes a una cena. Apreciarán una cena vegetariana. Esto es un buen punto de contacto.

2. Discuta el concepto del bien y el mal. Pregunte, ¿de dónde procede el mal y por qué?

3. Intente razonar que si la creación de Dios es personal, inteligente y racional, Dios debe ser también personal, inteligente y amante. Si él no es un ser personal, inteligente y amante, ¿cómo podría haber creado a alguien personal? ¿Cómo es que algo no inteligente pudo haber creado a un ser inteligente? ¿Cómo es que alguien que no ama pudo haber producido a alguien que sí lo hace? Pregunte, ¿dónde es que se origina el amor? Discuta las castas del hinduismo, pregunte por qué, si todos somos hijos de Dios, hay tanta lucha y muertes entre las castas.

4. Después de algunas visitas, comparta un estudio sobre la inspiración de la Biblia.

5. Proceda con su testimonio personal acerca de Jesús.

6. Repase cuidadosamente el plan de salvación.

7. La reencarnación no es bíblica por las siguientes razones:

   a. La salvación viene a través de Jesús y no de las buenas obras *(Efe. 2:8-10; 2 Cor. 5:21).*

   b. La naturaleza humana es una naturaleza caída, no somos dioses *(Jer. 17:9; Isa. 54:6).*

   c. No hay una segunda oportunidad después de la muerte *(Heb. 9:27-28; 2 Cor. 6:2).*

   d. El alma no es inmortal *(Ecl. 9:5; Sal. 115:17; Juan 11:11-14).*

Los hindúes son generalmente bastante tolerantes con los cristianos, en especial aquellos que viven en una cultura cristiana. Los hindúes que viven en los Estados Unidos o en Europa occidental serán mucho más fáciles de alcanzar con el Evangelio que los hindúes que viven en la India. El Evangelio es transcultural: penetra en los corazones de los hombres y mujeres en todo lugar. Trae alivio de cargas opresivas, libertad de la culpa y seguridad en Cristo. Comparta su testimonio personal con sus amigos hindúes y observe la obra del Espíritu Santo.

Los Musulmanes

La religión islámica es una de la religiones mundiales que crece más rápido. Su alcance global abraza a más de 800 millones de adherentes. La fe musulmana, establecida por Mahoma en el siglo VII, enseña una obediencia total al único Dios, Alá. La palabra Islam se origina en un vocablo que significa rendimiento, someterse a Dios, renunciando a cualquier otro objeto de adoración. La idea de paz se asocia con la palabra árabe *salam*. Las principales cinco obligaciones del musulmán, llamadas los pilares del Islam son:

1. Pronunciar el testimonio "No hay Dios sino Alá, y Mahoma es su profeta".

2. La oración ritual *(Salat)* a hacerse cinco veces al día (amanecer, mediodía, tarde, puesta del sol y noche) con el rostro vuelto hacia la Meca, el lugar del nacimiento de Mahoma.

3. Dar limosnas *(Sakat)* o un impuesto fijo exigido a los fieles por el gobierno.

4. Un ayuno durante el mes de Ramadán.

5. Una peregrinación a la Meca por lo menos una vez en la vida.

Los musulmanes aceptan el *Corán* como la palabra explícita, pura y directa de Dios. Atribuyen su origen a Abrahán, quien según ellos creen, ofreció a su hijo Ismael como el hijo de la promesa en vez de Isaac. Su genealogía proviene de Abrahán, Moisés y Juan el Bautista, y creen que Jesús era simplemente un profeta. El Islam está más cerca del judaísmo y el cristianismo que ninguna otra religión mundial. Los musulmanes aseveran que el judaísmo fracasó y que el cristianismo se corrompió, por lo tanto Dios levantó al profeta Mahoma para reformar la corrupción de una religión apóstata.

Algunas creencias que tenemos en común con los musulmanes

1. Los musulmanes creen en un Dios amante, todopoderoso y omnipotente.

2. Los musulmanes creen en el juicio final. Aceptan el hecho de que los seres humanos son moralmente responsables por sus acciones.

3. Los musulmanes creen en una resurrección final en ocasión del regreso del Mesías.

4. Los musulmanes dan gran importancia a la asistencia a los pobres.

5. Los musulmanes dan gran importancia a la oración.

6. Los musulmanes prohíben el alcohol, los juegos de azar y la carne de cerdo.

7. Los musulmanes ponen énfasis en la obediencia a Dios.

8. Los musulmanes creen en un gran conflicto entre ángeles buenos y malos.

Algunas creencias musulmanas contrarias al pensamiento bíblico y cómo confrontarlas con la Biblia

1. **Jesús es un profeta pero no el eterno Hijo de Dios.**

   (Ver *Juan 8:58*, compare con *Exo. 3:14; Heb. 1:6-8; Miq. 5:2; Isa. 9:6.*)

2. **La Biblia no es realmente confiable** debido a que está plagada de errores humanos y no se la copió con exactitud.

   (Ver *2 Tim. 3:16; 2 Ped. 1:21; Sal. 12:6-7; Mat. 24:35; Sal. 119:105.*)

3. **La salvación se obtiene al seguir las cinco doctrinas del Islam.**

   (Ver *Rom. 3:23; Isa. 59:1-2; Rom. 6:23; Efe. 2:8; Heb. 2:8-9; 2 Cor. 5:21; Gál. 3:13.*)

4. **Las revelaciones a través de Mahoma sobrepasan la Biblia.** Proveen un medio de salvación.

    (Ver *Juan 17:17; 14:6; Hech. 4:12; Isa. 45:22.*)

Posibles acercamientos a los amigos musulmanes

1. Desarrolle una amistad basada en los elementos comunes.

2. Invite a sus amigos musulmanes a una cena vegetariana.

3. Comparta su preocupación por el cristianismo genuino. Acepte que hay una apostasía en el cristianismo y la necesidad de una reforma.

4. Ofrezca estudios sobre las profecías bíblicas para confirmar la autenticidad de la Biblia.

5. Debido a que la familia musulmana es muy unida y que el papel directivo del padre es muy respetado, asegúrese de respetar al padre como el líder de la familia.

6. Comparta libros como *Profetas y reyes* y *Patriarcas y profetas*.

7. En el momento apropiado, comparta abiertamente su testimonio personal; describa el plan de salvación en detalle. Repita el hecho de que Jesús aseveró ser el Hijo de Dios. Jesús o fue divino, o era un mentiroso o un demente. Siendo que el *Corán* dice que era un profeta, ¿cómo es que un noble profeta pudo mentir al intentar engañar al mundo en cuanto a su identidad?

    Debido a tradiciones arraigadas, estrechos lazos familiares y presiones sociales sumamente fuertes, es muy difícil ganar a los musulmanes al cristianismo. Sea paciente. Comparta la verdad gradualmente. Preocúpese por desarrollar una relación positiva con sus amigos musulmanes y entonces, en el momento apropiado, comparta con ellos a Jesús.

Los Testigos de Jehová

Los Testigos de Jehová surgieron del movimiento millerita de la década de 1840. El organizador del movimiento, Charles Taze Russell (1852-1916), sintió la influencia de Guillermo Miller cuando joven. Los testigos dan importancia a la absoluta obediencia al único Dios, Jehová, a un evangelismo agresivo de puerta en puerta y en las calles, y al establecimiento dramático del reino de Dios mediante la batalla final del Armagedón. Creen que Cristo reinará sobre la tierra durante el milenio (durante el cual ocurrirá la resurrección y el juicio). Los testigos difieren de las principales iglesias protestantes en que rechazan la Trinidad como una doctrina pagana. Creen que Jesús no era Dios, sino Hijo de Dios, el primogénito de toda la creación de Dios. Ven al Espíritu Santo como el poder de Dios o una fuerza impersonal.

Los Testigos de Jehová sostienen una agresiva obra de publicaciones. Sus revistas *El Atalaya* y *Despertad* tienen una circulación combinada de más de diez millones de ejemplares, lo que representa la mayor circulación de una revista religiosa en Norteamérica. Después de la muerte de Charles Taze Russell, un nuevo líder, José F. Rutherford, desarrolló nuevas técnicas misioneras de ministerio puerta por puerta combinadas con la distribución de las revistas. Cada testigo debe asistir a tres o cuatro reuniones cada semana en los Salones del Reino de los Testigos de Jehová y dedicar un mínimo de diez horas por mes en la visitación puerta por puerta. Debido a que aceptan la doctrina bíblica del sacerdocio de todos los creyentes, los testigos creen que el bautismo equivale a la ordenación al ministerio. Cada miembro acepta el hecho de que él o ella es un ministro de Jehová. Las reuniones de entre semana en los Salones del Reino a menudo consisten de sesiones de entrenamiento para el ministerio. Los Testigos de Jehová también rechazan los cumpleaños, la Navidad y el Domingo de Resurrección como fiestas paganas. Se niegan a donar o recibir sangre y a saludar la bandera basados en el deseo de obedecer exclusivamente a Dios. Aunque los testigos aseguran que no tienen ministros pagados, sí tienen "supervisores" o ministros itinerantes que visitan aproximadamente 22 congregaciones. A estos "ministros" se les paga un salario.

Algunas creencias que tenemos en común con los Testigos de Jehová

1. El sacerdocio de todos los creyentes. A todos se nos llama a testificar.

2. El estado de los muertos. Los seres humanos no tienen un alma inmortal. La muerte es un sueño.

3. La aniquilación de los impíos. Dios no quemará a los pecadores en el infierno durante millones de años. Serán consumidos para siempre.

4. El bautismo es por inmersión.

5. Las condiciones del mundo indican que el fin de todas las cosas está cercano.

Algunos malentendidos doctrinales de los Testigos de Jehová y cómo contestarlos con la Biblia

1. **Hay un solo Dios Jehová:** Jesús es un dios menor que procede del Padre. Para hacer frente a este error, por favor note lo siguiente:

   a. O Jesús es plenamente Dios o no es nada (*Isa. 43:10*).

   b. ¿Quién es Jehová?

Jehová es	Jesús es
Gloria (*Isa. 42:8*)	Gloria (*Mat. 16:27*)
El Creador (*Isa. 40:28*)	El Creador (*Efe. 3:9*)
El Redentor (*Isa. 33:22*)	El Redentor (*Hech. 4:12*)

El Juez *(Isa. 33:22)*	El Juez *(Jn. 5:22)*
El Rey *(Isa. 33:22)*	El Rey *(Apoc. 19:1-16)*
La Roca *(Deut. 32:3-4)*	La Roca *(1 Cor. 10:4)*
El Principio y el Fin *(Isa. 41:4)*	El Principio y el Fin *(Apoc. 1:8-11)*

c. Estos textos indican que el Nuevo Testamento usa los mismos términos para describir a Jesús que los que usa el Antiguo Testamento para referirse a Jehová. Jehová es el nombre general de Dios: a veces se aplica al Padre, pero también incluye la obra de su Hijo. *Deuteronomio 6:4* declara que el Señor (Jehová) nuestro Dios (*'Elohim*, plural) es **uno** (*Echad*, una unidad compuesta que indica la fusión de dos elementos iguales; por ejemplo la noche y el día hacen **un** día, el hombre y la mujer son **una** carne).

d. ¿Quién es Jesús?

(1) El testimonio del profeta Isaías *(Isa. 9:6)*.

(2) El testimonio de los ángeles *(Mat. 1:21)*.

(3) El testimonio de Tomás *(Juan 20:26-28)*.

(4) El testimonio de los judíos *(Luc. 5:21; Juan 10:33)*.

(5) El testimonio de Jesús ''Yo soy'' *(Juan 8:58-59)*. ''YO SOY'' se refiere a la existencia propia que sólo tiene Jehová *(Exo. 3:14)*.

(6) El testimonio del Padre *(Heb. 1:7-9)*. El Padre llama al Hijo Dios.

e. Jesús como primogénito (compare *Col. 1:15* con *Heb. 1:6*).

(1) A Jesús se lo llama el primogénito de los muertos. ¿Fue Jesús la primera persona en resucitar de los muertos? No *(Luc. 7:11-15; 8:41-42, 49-55; Juan 11:38-44)*.

(2) Es obvio que primogénito de los muertos no significa el primero en ser resucitado, sino el que se levantó con poder sobre la muerte.

(3) David era el hijo menor de Isaí, sin embargo se lo llamó el primogénito *(Sal. 89:20, 27)*.

(4) La palabra griega "*prototokos*" significa primogénito en el sentido de privilegio, no de orden cronológico. Se refiere a primogénito en el sentido de que Jesús tiene todos los derechos, privilegios y la autoridad del primogénito. En el antiguo Israel, el primogénito tenía el privilegio de representar al Padre. Jesús vino para revelar la gloria de Dios *(Juan 14:9)*.

f. Jesús como el Unigénito.

En *Juan 3:16* la palabra griega es *monogenés*, que significa "único en su clase". Jesús es único en toda la creación. El es único en su clase: el divino Hijo de Dios, el Eterno morando en carne humana y revelando al Padre en nuestro medio.

g. Jesús como el comienzo de la creación de Dios.

(1) La palabra griega para comienzo de la creación es *arjé*. Jesús es el iniciador u origen de la creación de Dios *(Apoc. 3:14)*.

(2) Todas las cosas fueron hechas por él *(Juan 1:3)*.

(3) Por él todas las cosas fueron creadas *(Col. 1:16-17; Heb. 11:3)*.

2. **La ley fue abolida por Cristo:** (Ver *Mat. 5:17-18; Juan 14:15; Rom. 6:13-14; 3:28-31; Sal. 40:8; Heb. 8:10; 1 Juan 2:3-6; Sant. 2:10-17.)*

3. **La presencia personal de Cristo fue revelada en una segunda venida espiritual en 1914.** Los testigos creen que la palabra *parousía* describe la presencia invisible de Jesús.

Nota: Bajo el liderazgo del juez Rutherford, los testigos enseñaron que los profetas bíblicos mencionados en *Hebreos 11*, tales como Abrahán, Isaac y Jacob, serían resucitados para vivir en la casa bíblica de los príncipes poco después de 1914. De hecho, Rutherford aseguró que esto ocurriría en 1925 y publicó esta idea en su libro, *Millions Now Living Will Never Die* (Millones que ahora viven nunca morirán). A través de su historia, los Testigos de Jehová han continuado fijando fechas para la batalla final del Armagedón y el glorioso regreso de Cristo (el que separan de la *parousía* o presencia invisible con la cual estableció su reino). Hasta 1975 enseñaron que la batalla del Armagedón ocurriría en ese año. (Vea en la revista *Despertad*, de octubre 8, 1968, un diagrama en el que se muestra 1975 como el año del fin del mundo.)

El significado de *parousía*: un vocablo griego que describe la llegada personal o la presencia de una persona. En toda la Biblia, nunca se refiere a una presencia invisible *(Mat. 24:3)*.

a. *1 Corintios 16:17.*—La *parousía* o venida de Estéfanas fue un evento real o literal.

b. *2 Pedro 1:16.*—La primera *parousía* de Jesús fue un evento literal o personal.

c. *Lucas 24:36-43, 51.*—Jesús ascendió con un cuerpo resucitado y glorioso. Descenderá de la misma manera.

4. Cómo vendrá Jesús

(Ver *Mat. 24:27; 1 Tes. 4:16-17; Sal. 50:3; Apoc. 1:7; Mat. 24:30; 16:27-28; 13:24-30.*)

Cuando Cristo venga, el mundo que conocemos será destruido *(2 Ped. 3:10; 2 Tes. 1:7-9)*.

La resurrección ocurrirá cuando Cristo regrese *(1 Cor. 15:51-54)*.

5. **Los días de la creación fueron de 7.000 años cada uno**

   a. La palabra hebrea para día es *yom*. Cada vez que un número precede a la palabra "día", tal como en primer día, segundo día, tercer día, de acuerdo con las reglas de la gramática hebrea tiene que ser un período de 24 horas.

   b. El *Salmo 33:6, 9* y *Hebreos 11:3* indican que la creación fue un evento instantáneo, no un proceso de miles de años.

   c. Si cada día fuese de 7.000 años, debido a que los días de la creación fueron divididos en partes iguales de luz y oscuridad, habrían consistido en 3.500 años de oscuridad y 3.500 años de luz. Consecuentemente, todas las plantas y animales habrían muerto durante los largos períodos de oscuridad antes de que concluyera la semana de la creación.

   d. Los mandamientos claramente indican que Jehová mismo declaró que la creación consistió de siete períodos de 24 horas (ver *Exo. 20:11*).

Sugerencias para trabajar con los Testigos de Jehová

1. Plantee que todo debe provenir directamente de la Biblia *(Juan 17:17)*.

2. Escoja un tema y sólo un tema para discutir.

3. Déles una oportunidad para presentar su versión por 30 minutos.

4. Haga preguntas y luego presente su posición durante 30 minutos. Esto permite que se presente un hilo de pensamiento corrido acerca de un solo tema, en vez de saltar de un tema a otro.

5. No comience con la Trinidad. Escoja un tema tal como ¿quién es Jesús?, la segunda venida de Cristo o la creación.

6. Enfatice con fuerza la paz que proviene de conocer a Jesús. Dado que los Testigos de Jehová están sujetos al legalismo, el Evangelio es lo que más necesitan.

Los Judíos

El corazón de Jesús se enternece por la nación judía. Lloró por Jerusalén *(Luc. 19:41)*. A través de los siglos la nación judía ha sufrido intensamente. Su gente ha sido dispersada, torturada y martirizada. Hace 2.000 años, Jesús vino a su pueblo, pero no lo recibieron *(Juan 1:11)*. Al rechazar al Mesías, la nación judía selló su destino. Se había llenado la copa de su iniquidad. Dios estableció la iglesia cristiana como el nuevo Israel, un reino de sacerdotes con el propósito de compartir el Evangelio de amor y perdón con el mundo *(Dan. 9:23-27; Mat. 23:37-38)*. Aunque Israel como nación rechazó su amor y ya no es formalmente el pueblo escogido, la Biblia predice que muchos judíos aceptarán el mensaje final de Dios *(Rom. 11:23-24)*. A la vista de Dios, su iglesia es el Israel espiritual. Aquellos que aceptan a Cristo y su verdad se convierten en judíos de acuerdo a la promesa dada a Abrahán *(Gál. 3:27-29)*. Elena G. de White también predice que muchos judíos aceptarán a Cristo y ayudarán a preparar al mundo para su pronto regreso.

"Habrá muchos conversos entre los judíos, y estos conversos ayudarán a preparar el camino para el Señor, aparejando calzada en el desierto para nuestro Dios. Los conversos judíos han de tener una parte importante en la gran preparación que ha de hacerse en lo futuro para recibir a Cristo, nuestro Príncipe" *(El evangelismo*, p. 421).

"Hay entre los judíos muchas personas que serán convertidas, y por medio de las cuales veremos cómo la salvación de Dios avanzará como una lámpara que arde" *(Ibíd.)*.

Cuando el fuerte clamor del ángel de *Apocalipsis 18* ilumina al mundo por medio de la predicación del Evangelio y el testimonio viviente por parte de la iglesia de Cristo, miles de judíos se convertirán en un día como en el Pentecostés. Ahora es el momento de alcanzar a nuestros vecinos judíos movidos por el amor de Dios.

Hechos importantes en la historia judía antigua

1. Abrahán fue llamado por Dios para convertirse en el padre espiritual de su pueblo (2000 a. C.).

   (Ver *Gén. 12:1-9.*)

2. El cautiverio egipcio (aproximadamente de 1875 a. C. a 1445 a. C., 430 años).

3. Moisés saca a su pueblo del cautiverio egipcio (siglo XV a. C.).

4. David y el período más glorioso de Israel. Durante el tiempo de su reinado, David hizo preparativos para la construcción del templo, el que terminó Salomón (1000 a. C.).

5. Nabucodonosor atacó a Jerusalén. Cientos de inteligentes jóvenes hebreos, incluyendo a Daniel, fueron llevados al cautiverio (605 a. C.).

6. El cautiverio babilónico (605 a. C. al 535 a. C.).

   (Ver *Dan. 9:1-2; 2 Crón. 36:21.*)

7. Ciro venció a Babilonia y permitió que los israelitas fuesen liberados (538 a. C.).

8. La destrucción de Jerusalén a manos de Tito (70 d. C.).

El judaísmo de hoy

Actualmente, se puede dividir el judaísmo en cuatro grupos principales:

a. *Judíos seculares*: Judíos por nacimiento y descendencia, ateos por decisión.

b. *Judíos liberales*: Comprensión amplia de las Escrituras. Observancia del sábado, fiestas tradicionales, usualmente no obedecen las leyes alimentarias de los judíos.

c. *Judíos reformados*: Judíos moderadamente conservadores.

d. *Judíos ortodoxos*: Extremadamente estrictos en la alimentación, el vestido, la observancia del sábado y las fiestas judías. Sionistas militantes.

Algunas verdades doctrinales que tenemos en común con los judíos

1. Vida saludable.

2. Comprensión de la muerte.

3. Apreciación del Antiguo Testamento.

4. Observancia del sábado.

5. La creencia de que el Mesías vendrá.

Posibles formas de acercarse a los judíos

1. Desarrolle una buena amistad. Exprese interés en la cultura e historia judías. Comparta su convicción de que los antiguos profetas hebreos fueron inspirados por Dios.

2. Comparta con sus amigos judíos el hecho que usted cree que Dios ha hecho a todas las naciones de una misma sangre. Los cristianos y los judíos son descendientes de Abrahán.

3. Exprese abiertamente que los adventistas del séptimo día se ven a sí mismos como judíos espirituales. Aceptamos las leyes alimentarias del Antiguo Testamento y el sábado bíblico.

4. Durante las primeras visitas, discuta únicamente aquellos puntos que tenemos en común. Nuestros amigos judíos a menudo apreciarán buenos materiales de lectura. Algunos libros útiles son *Patriarcas y profetas* y *Profetas y reyes* de Elena G. de White y en inglés, los libros *Flee the Captor* por John Weidner; *Israel's Pre-existent Messiah* y *Daniel's Prophetic Jig-saw Puzzle* por Robert Odom; *The Quest of a Jew*, por Samuel Jacobson, y *The Almost Forgotten Day* por Mark Finley.

5. Invite a sus amigos judíos a un *Plan de Cinco Días para Dejar de Fumar,* una serie sobre la nutrición, o una escuela de cocina vegetariana. Los programas de salud son oportunidades excelentes para quebrantar prejuicios.

6. Cuando entre directamente en discusión de temas religiosos con sus amigos judíos, haga preguntas como las que siguen:

   a. ¿Por qué cree usted que la raza judía ha sufrido tanto a través de los siglos? ¿Por qué Dios permitió los cautiverios egipcio y babilónico, la destrucción de Jerusalén por los romanos y el Holocausto? (Ver *Deut. 28; Jer. 17.*)

   b. ¿De quién hablaba Isaías el profeta en *Isaías 53*? Lea *Isaías 53* en voz alta.

   c. Repase las profecías del Antiguo Testamento referentes al Mesías en *Dan. 9:23-27; Miq. 5:2; Isa. 9:6; 7:14; Sal. 22,* y *Gén. 49:10.*

   d. Comparta su testimonio personal; describa la paz, el perdón, la libertad de la culpa y la certeza de la salvación que Jesús le da personalmente.

   e. Invite a sus amigos judíos a estudiar sistemáticamente las antiguas profecías de Daniel con usted.

   Muchos cristianos tienen dificultad para relacionarse con los judíos. Si sigue los principios señalados anteriormente, encontrará que el contacto con sus amigos judíos le dará excelentes recompensas.

Los Luteranos

El luteranismo surgió del catolicismo en el siglo XVI. Las poderosas enseñanzas de Martín Lutero unidas al poder de los príncipes alemanes que lo apoyaron, crearon una fuerte oposición a la autoridad de Roma. Lutero creyó en la supremacía de la Palabra sobre la tradición. Enfatizó la salvación por la gracia y solamente en Cristo, el sacerdocio de todos los creyentes, y la naturaleza pecaminosa del hombre y su estado de perdición cuando carece del don de salvación que Dios otorga. Lutero creyó que Cristo vino para traer salvación. Los seres humanos por sí solos no podían ganarla. Lutero tradujo el Nuevo Testamento en 1522 y el Antiguo Testamento en 1534. Ambos circularon ampliamente por toda Alemania. Lutero no encontró apoyo bíblico para el celibato sacerdotal por lo que rechazó la tradición y se casó con una ex monja. Su corazón ardió con el deseo de proclamar la Palabra de Dios como la autoridad suprema en asuntos de fe y doctrina. Actualmente hay unos diez cuerpos luteranos separados, con cerca de 10 millones de miembros en los Estados Unidos. A través de los años el luteranismo se ha hecho significativamente más liberal en su interpretación de las Escrituras. Hay una variedad de creencias dentro del luteranismo actual. Algunos niegan el nacimiento virginal, dudan de una semana literal para la creación, rechazan un diluvio universal y se preguntan si en realidad habrá una segunda venida. La mayoría de los luteranos no son los cuidadosos estudiantes de la Biblia que antes eran.

Algunas creencias que tenemos en común con los luteranos

1. La autoridad de la Palabra de Dios.

2. La salvación por la gracia.

3. La segunda venida literal de Cristo.

4. La Deidad.

5. La obediencia a Dios.

Algunos malentendidos doctrinales de los luteranos y cómo contestarlos con la Biblia

1. **El bautismo por aspersión.**

   (Ver *Mat. 28:19-20; Mar. 16:16; Mat. 3:13-17; Hech. 8:26-38; Juan 3:22; Rom. 6:1-8; Col. 2:12.*)

2. **La inmortalidad del alma:** La creencia que cada individuo tiene un alma inmortal, indestructible e independiente del cuerpo, al cual abandona en ocasión de la muerte para ir al cielo o al infierno.

   (Ver *1 Tim. 6:15-16; Gén. 2:7; Ecl. 12:7; Job 27:3; Sal. 146:4; 6:5; 115:17; Juan 11:11-14.*) Recuerde que la Biblia utiliza la palabra "alma" 1.600 veces y que nunca la califica como "alma inmortal". La Biblia se refiere 53 veces a la muerte como a un sueño.

3. **La santidad del domingo:** La creencia de que debido a que Jesús resucitó de los muertos en el primer día, todos los cristianos debieran adorar en ese día.

   (Ver *Gén. 2:1-3; Exo. 20:8-11; Eze. 20:12-20; Luc. 4:16; Mat. 24:20; Hech. 13:42-44; Apoc. 1:10; Mat. 12:8; Luc. 6:5; Isa. 66:22-23.*)

4. **Las relaciones entre la Iglesia y el Estado:** Lutero creía en una estrecha cooperación entre la Iglesia y el Estado. Creía que la iglesia podía ser el instrumento de Dios para la institución de leyes cristianas.

5. **La comunión:** Los luteranos dan gran importancia a lo que llaman la consustanciación de la presencia real de Cristo en el pan de la comunión. La Biblia enseña que la comunión es un símbolo de la muerte de Cristo recibida por fe *(1 Cor. 11:23-28)*. Las declaraciones de Jesús iniciadas por

"YO SOY" no denotan una presencia literal. Por ejemplo, "yo soy la luz", "yo soy el buen pastor", "yo soy la vid", "yo soy la roca", sugieren una descripción simbólica de aspectos de la obra de Cristo.

Para acercarse a los luteranos

1. Desarrolle una buena amistad. Enfatice la autoridad de las Escrituras. Afirme que la salvación es únicamente a través de Cristo. Haga claro que usted cree que la salvación es por gracia por la fe en Cristo.

2. Presente las profecías para establecer la autoridad de la Palabra (*Dan. 2; Mat. 24,* textos sobre la divinidad de Cristo).

3. Tan pronto como pueda, comience estudios bíblicos sistemáticos y regulares.

4. Los luteranos a menudo tienen una posición correcta en cuanto al plan de salvación, pero nunca han sido expuestos a un estudio bíblico detallado de las profecías.

5. Ponga énfasis en el hecho de que la obediencia es siempre una respuesta al amor de Dios. Su amor nos constriñe (*2 Cor. 5:14*). Nos motiva a actuar; el Señor declaró: "Si me amáis, guardad mis mandamientos" (*Juan 14:15*). El amor siempre conduce a la obediencia (*Rom. 13:10*). Siempre responde positivamente a los mandamientos de Dios (*Apoc. 14:12*).

6. El asunto decisivo para cada luterano es si estará dispuesto a seguir la luz que brilló después de Lutero o si perderá aquello que tiene (*Juan 12:35*). La luz es progresiva (*Prov. 4:18*) y la verdad sigue ampliándose.

7. Dé un estudio sobre "¿por qué hay tantas denominaciones?" Explique la necesidad de continuar aceptando la luz que Dios provee para sus hijos.

Los Metodistas

La experiencia religiosa de los luteranos y calvinistas llegó a adquirir un formalismo más rígido en los siglos XVII y XVIII. De ese fenómeno surgió el metodismo con el propósito de destacar:

1. Una fe basada en la Biblia.

2. Una vida cristiana genuina.

3. La libre expresión de la fe por medio de himnos, testimonios y celo evangélico.

El fundador del metodismo, Juan Wesley (1703-1791), asistió a la Universidad Oxford para estudiar para el ministerio. Mientras estaba en Oxford, fundó una sociedad religiosa llamada por otros estudiantes el "Club de la Santidad". Debido a que sus hábitos eran extremadamente disciplinados y estrictos, se ganaron el nombre de metodistas. Después de su milagrosa conversión en la Capilla de Aldersgate el 24 de mayo de 1738, gracias a la lectura de la Epístola a los Romanos que hizo un laico, estableció sociedades metodistas a través de Inglaterra. Estas sociedades destacaron la importancia de la santidad, el crecimiento en la gracia y vivir la vida cristiana. En una época de formalismo religioso, las enseñanzas de Wesley fueron como un soplo de aire fresco. Actualmente hay entre 10 y 11 millones de metodistas en los Estados Unidos. La piedad del pasado generalmente no ha persistido. Un gran número de metodistas dudan creencias básicas del cristianismo tales como el nacimiento virginal, la divinidad de Cristo y sus milagros, la creación, el diluvio y la segunda venida.

Algunas creencias que tenemos en común con los metodistas

1. La Deidad (la Trinidad).

2. La salvación por la gracia.

3. Enfasis en la santidad, la santificación y el crecimiento en la gracia.

4. Rechazo del infierno eterno.

5. La celebración de la Cena del Señor.

Algunos malentendidos doctrinales de los metodistas y cómo contestarlos con la Biblia

1. **Rechazan la segunda venida literal.**

   (Ver *1 Tes. 4:16-17; Apoc. 1:7; Mat. 16:17; 24:27.*)

2. **La inmortalidad del alma:** La creencia que cada individuo tiene un alma inmortal, indestructible e independiente del cuerpo, al cual abandona en ocasión de la muerte para ir al cielo o al infierno.

   (Ver *1 Tim. 6:15-16; Gén. 2:7; Ecl. 12:7; Job 27:3; Sal. 146:4; 6:5; 115:17; Juan 11:11-14.*) Recuerde que la Biblia utiliza la palabra "alma" 1.600 veces y que nunca la califica como "alma inmortal". La Biblia se refiere 53 veces a la muerte como a un sueño.

3. **La santidad del domingo:** La creencia de que debido a que Jesús resucitó de los muertos en el primer día, todos los cristianos debieran adorar en ese día.

   (Ver *Gén. 2:1-3; Exo. 20:8-11; Eze. 20:12-20; Luc. 4:16; Mat. 24:20; Hech. 13:42-44; Apoc. 1:10; Mat. 12:8; Luc. 6:5; Isa. 66:22-23.*)

4. **El bautismo de infantes y el bautismo de adultos:** Aunque ocasionalmente se bautiza a los creyentes adultos por inmersión, la iglesia ha retenido oficialmente el bautismo por aspersión.

   (Ver *Mat. 28:19-20; Mar. 16:16; Juan 3:5; Hech. 2:38-41; 8:26-38; Col. 2:12; Rom. 6:1-8.*)

5. **Muchos rechazan la autoridad de la Biblia.** Muchos metodistas tienen serias dudas acerca de la inspiración del Antiguo y Nuevo Testamentos.

Creen que la Biblia *contiene* la Palabra de Dios, pero dudan de si *es* en verdad la Palabra de Dios. A menudo creen que la Biblia ha sido afectada por el contexto histórico y cultural en que se produjo.

(Ver *Juan 17:17; 2 Tim. 3:16-17; 2 Ped. 1:20-21; Mat. 4:4.*)

Para acercarse a los metodistas

1. Destaque sus raíces y sus parecidos con los adventistas. Exprese aprecio por el concepto de Wesley de que la gracia está libremente disponible para todos. Dios no escoge meramente a unos pocos que serán salvados. Mencione que Wesley entendía correctamente la necesidad del crecimiento cristiano, la santificación y la santidad de la vida.

2. Mencione que el metodismo, como muchas denominaciones, ha tendido a alejarse de su herencia espiritual y religiosa.

3. Estudie las profecías de *Daniel 2* y *Mateo 24* para sustentar la credibilidad de la Biblia.

4. Tan pronto como pueda, comience estudios bíblicos sistemáticos.

Nota: La estructura organizacional metodista de asociaciones es similar a la organización adventista. Una buena cantidad de los primeros adventistas tenían trasfondo metodista, por eso vemos que se refleja una fuerte influencia metodista en nuestra comprensión de las doctrinas y en nuestra estructura organizacional. Esto es una evidencia de que la luz de Dios es progresiva.

Los Mormones
(la Iglesia de Jesucristo de los Santos de los Ultimos Días)

El fundador de la iglesia, José Smith, aseveró que en la primavera de 1820 tuvo una visión en la que vio a Dios y a Jesucristo. Se le dijo que no se uniera a ninguna iglesia, sino que estableciera la iglesia de Cristo en toda su plenitud. En septiembre de 1823, el ángel Moroni supuestamente se le apareció a Smith en una visión para decirle que se había enterrado un libro con la historia de los antiguos habitantes de Norteamérica en un monte llamado Cumorah, a unos siete kilómetros de Palmyra, en el Estado de Nueva York. Smith encontró el libro al día siguiente. Aunque no se le permitió mirarlo hasta 1827, finalmente tradujo sus páginas doradas. Estas enseñanzas, combinadas con otras visiones y revelaciones, formaron la base del *Libro de Mormón*. Smith escribió otros dos libros, *Doctrina y pactos* y *La perla de gran precio*. Los mormones son personas industriosas, trabajadoras, de integridad moral y temperantes; no obstante, sus doctrinas tienen poco en común con la Biblia.

Los mormones creen:

1. La Biblia es la Palabra de Dios sólo en la medida en que fue traducida correctamente. Creen que el *Libro de Mormón* es superior a la Biblia, porque sus palabras son "puras".

2. El hombre existió previamente con Dios como un alma inmortal antes de ser creado. Una de las razones de la creación fue la de proveer cuerpos para estas almas.

3. Dios se agradó del pecado de Adán y Eva, porque así la tierra sería poblada.

4. Hay almas inmortales que actualmente viven en el mundo de los espíritus con Jesús, quien les predica el Evangelio.

5. Se deben ofrecer bautismos por los muertos en los templos mormones.

6. Jesús se casó con María, Marta y la otra María en las bodas de Caná (*Journal of Discourses*, t. 4, p. 259, escrito por Brigham Young). Aceptan la poligamia o matrimonios múltiples cuando la ley civil lo permite.

7. El matrimonio debe sellarse para la eternidad en un templo mormón.

8. Hay tres niveles del cielo: el *celestial* (para los mormones fieles), el *terrestre* (para los mormones no tan fieles), y el *telestral* (para otros que serán siervos). En resumen, toda la humanidad recibirá la vida eterna, aunque algunos serán los siervos de otros.

Algunas creencias que tenemos en común con los mormones

1. Los mormones devuelven fielmente los diezmos.

2. Los mormones se preocupan por su salud y se abstienen del alcohol y el tabaco.

3. Los mormones aceptan el concepto de la manifestación actual del espíritu de profecía.

4. Los mormones creen en el bautismo por inmersión.

5. Los mormones aceptan la idea de que las religiones actuales son la "Babilonia caída" y que el cristianismo necesita regresar a las enseñanzas del Nuevo Testamento.

Algunos malentendidos doctrinales de los mormones y cómo contestarlos con la Biblia

1. La Biblia ha sido mal traducida.

(Ver *2 Tim. 3:15-16; Juan 17:17; 5:39; Sal. 12:6; 2 Ped. 1:21; Mat. 4:4.*)

2. **El bautismo por los muertos:** Una creencia basada en una comprensión errada de *1 Corintios 15:29.* En el Nuevo Testamento, el bautismo brota siempre de una decisión personal que indica fe en Cristo, arrepentimiento del pecado y la aceptación de las enseñanzas de Cristo.

(Ver *Hech. 2:38-41; Mar. 16:16; Mat. 28:19-20.*)

La salvación se basa en una opción personal. Nadie puede responder por otro.

(Ver *Apoc. 22:17; Sal. 49:7.*)

En *1 Corintios 15:29,* el apóstol Pablo arguye en favor de la resurrección. Por eso formula una pregunta. Si los muertos no resucitan, ¿por qué, pues, se bautizan por los muertos? (*Por* puede traducirse *en lugar de,* o *por causa de.*) Cuando Cristo regrese, los muertos en Cristo serán resucitados y los justos vivos serán arrebatados para recibir a Jesús en el aire *(1 Tes. 4:16-17).* Ser bautizados por los muertos se refiere a ser bautizados como resultado de su influencia consagrada y su vida cristiana, y con el deseo de encontrarnos con ellos en la eternidad.

(Ver *Heb. 11:39-40.*)

3. **La observancia del domingo:** Los mormones creen que al primer día de la semana, el domingo, se lo llama "sábado" o reposo ocho veces en la Biblia griega. Esto está basado en una comprensión totalmente errada de la palabra griega para semana, la que proviene de la misma raíz, pero es una palabra diferente.

(Ver *Gén. 2:1-3; Exo. 20:8-11; Eze. 20:20; Luc. 4:16; Mat. 24:20; Hech. 13:42-44; Luc. 6:5; Mat. 12:8; Isa. 66:22-23.*)

4. **La inmortalidad del alma:** La creencia que cada individuo tiene un alma inmortal, indestructible e independiente del cuerpo, al cual abandona en ocasión de la muerte para ir al cielo o al infierno.

(Ver *1 Tim. 6:15-16; Gén. 2:7; Ecl. 12:7; Job 27:3; Sal. 146:4; 6:5; 115:17; Juan 11:11-14.*) Recuerde que la Biblia utiliza la palabra "alma" 1.600 veces y que nunca la califica como "alma inmortal". La Biblia se refiere 53 veces a la muerte como a un sueño.

Para acercarse a los mormones

1. Desarrolle una amistad estrecha con ellos.

2. Invítelos a cenar.

3. Los mormones mantienen lazos familiares muy estrechos; por lo tanto, respete la unidad familiar invitando a toda la familia a estudiar la Biblia con usted.

4. Presente un estudio sobre la inspiración de la Biblia.

5. Comparta el testimonio de su relación con Jesucristo.

6. Después de 3 a 5 semanas de estudios, presente el tema "¿Es el Evangelio de los Mormones el Evangelio de la Biblia?"

7. Con amor, invite a sus amigos mormones a seguir al verdadero Cristo.

Para ayudarlo en su trabajo con los mormones, he incluido el estudio bíblico que ahora sigue. Encontrará las enseñanzas de los mormones precedidas por textos de la Biblia que claramente exponen el error de estas doctrinas.

¿Es el Evangelio de los Mormones el Evangelio de la Biblia?

¿Fue concebido Jesús por el Espíritu Santo?

Respuesta bíblica: *Mat. 1:18-21; Luc. 1:35.*

Respuesta de los mormones:

Brigham Young, el segundo presidente de la Iglesia Mormona, declaró:

"Recuerde desde ahora en adelante y para siempre, que Jesús *no fue engendrado por el Espíritu Santo*" (*Journal of Discourses* [Diario de discursos], t. 1, p. 51).

José Fielding Smith, presidente de los doce apóstoles, ha negado que el *Libro de Mormón* y la Biblia enseñen que Cristo fue engendrado del Espíritu Santo. Declaró lo que sigue:

"Nos dicen que el *Libro de Mormón* declara que Jesús fue engendrado del Espíritu Santo. *Yo cuestiono esa declaración.* ¡El *Libro de Mormón no enseña tal cosa*! Tampoco lo hace la Biblia" (*Doctrines of Salvation*, t. 1, p. 19).

¿Nació Jesús de una virgen?

Respuesta bíblica: *Isa. 9:6; Isa. 7:14.*

Respuesta de los mormones:

En un discurso dado el 9 de abril de 1852, Brigham Young declaró:

"Cuando la Virgen María concibió al niño Jesús, el Padre lo engendró a su propia semejanza. *El no fue concebido del Espíritu Santo. Y ¿quién es el Padre? El es el primogénito de la familia humana...* Podría decirles mucho más; pero si les dijera toda la verdad, *los supersticiosos y los demasiado justos de la humanidad pensarían que se trata de blasfemia. Sin embargo, les he dicho la verdad* hasta donde he llegado... *Jesús nuestro hermano mayor, fue engendrado en la carne por el mismo personaje que estaba en el Jardín del*

Edén, quien es nuestro Padre celestial. Que todos los que escuchen estas doctrinas se detengan antes de tratarlas livianamente, o con indiferencia, porque *de ello dependerá su salvación''* (*Journal of Discourses,* t. 1, pp. 50-51).

Este mismo tipo de razonamiento llevó al apóstol Orson Pratt a decir:

''El cuerpo carnal de Jesús requirió de una madre tanto como de un padre. Por lo tanto, el padre y la madre de Jesús, de acuerdo a la carne, tuvieron que haberse *asociado juntos como marido y mujer; por eso la Virgen María debe haber sido, durante ese momento, la esposa legal de Dios el Padre.* Usamos el término esposa legal porque sería blasfemo en el grado más elevado el decir que él la cubrió, o que engendró a un Salvador ilegalmente... El tenía el derecho legal para cubrir a la Virgen María en la capacidad de esposo, y de engendrar un hijo, aunque ella estaba casada con otro: porque la ley *que él dio para gobernar a los hombres y las mujeres no habría de gobernarlo a él...* También estaba en ley el que después de haber tratado así con María, la hubiese dado a José, su esposo. Si Dios el Padre le dio María a José sólo por un tiempo, o por la eternidad, no se nos ha informado. *En tanto que Dios fue el primer marido de ella,* puede ser que sólo se la dio a José por esposa mientras tenía un estado mortal, *y que tenía la intención, después de la resurrección, de tomarla como su esposa por la eternidad''* (*The Seer* [El vidente], p. 158).

Brigham Young explicó el nacimiento de Jesús de la siguiente manera:

''El nacimiento del Salvador fue tan natural como los nacimientos de nuestros hijos: *fue el resultado de una acción natural.* El participó de carne y sangre: fue engendrado de su Padre, de la manera en que nosotros somos engendrados de los nuestros'' (*Journal of Discourses,* t. 8, p. 115).

Heber Kimball, quien fue miembro de la primera presidencia de la Iglesia Mormona, hizo esta declaración:

"En cuanto a la manera en que yo percibo la obra de Dios y de sus criaturas, diré que yo fui naturalmente engendrado; también lo fue mi padre, y también mi Salvador Jesucristo. De acuerdo con las Escrituras, él fue el primogénito del Padre en la carne, *y no hubo nada que no fuese natural en ello*" (*Journal of Discourses*, t. 8, p. 211).

¿Cuál es la fuente de la salvación?

Respuesta bíblica: *Juan 14:6; Hech. 4:12.*

Respuesta de los mormones:

"La salvación incondicional o general, la que proviene únicamente por gracia sin obediencia a la ley del Evangelio, consiste en el simple hecho de ser resucitados... Este tipo de salvación llegará finalmente a toda la humanidad... Esta no es la salvación de justicia, la salvación que buscan los santos. Aquellos que ganan sólo esta salvación general o incondicional serán juzgados de acuerdo a sus obras... Serán... malditos... en la eternidad, [ellos] serán siervos ministradores a personas más valiosas" (*Mormon Doctrine* (Doctrina mormona), p. 669).

Inmortalidad, no vida eterna: "La salvación condicional o individual, la que proviene de la gracia unida a la obediencia al Evangelio consiste en recibir una herencia en el reino celestial; sin embargo, aquellos que *no van a la exaltación* tendrán *solamente inmortalidad, y no vida eterna... Vivirán separadamente y solos en el estado de soltería...*

"La salvación plena se obtiene por virtud del conocimiento, la verdad, la justicia, y todos los principios verdaderos... Sin la expiación, el Evangelio, el sacerdocio y el poder sellador, no habría

163

salvación. Sin una revelación continua... no habría salvación. Si no fuera por José Smith y la restauración, no habría salvación.

"No hay salvación fuera de la Iglesia de Jesucristo de los Santos de los Ultimos Días" (*Mormon Doctrine*, pp. 669-670).

¿Habrá pecados tan grandes que la sangre de Cristo no pueda expiarlos?

Respuesta bíblica: *1 Ped. 2:20-24.*

Respuesta de los mormones:

En el libro *Doctrines of Salvation* (Doctrinas de salvación), José Fielding Smith dice:

"José Smith enseñó que hay ciertos pecados tan graves que el hombre puede cometer, que *colocarán al transgresor más allá del poder de la expiación de Cristo*. Si se cometen tales ofensas, entonces la sangre de Cristo *no los limpiará* de sus pecados, *aun si se arrepintieren. Por lo tanto, su única esperanza es que su sangre sea derramada para expiar,* tanto como sea posible, en favor de ellos...

"Y hombres por causa de ciertos crímenes han *tenido que expiar* tanto como han podido sus pecados, cuando se *han colocado más allá del poder redentor de la sangre de Cristo*" (*Doctrines of Salvation*, t. 1, pp. 135-136).

¿Cómo pueden perdonarse tales pecados?

Respuesta bíblica: *Juan 3:16; Gál. 2:20; 1 Juan 1:7-9; Mat. 12:32.*

Respuesta de los mormones:

Brigham Young, el segundo presidente de la Iglesia Mormona, declaró:

"Hay *pecados* que los hombres cometen por los

cuales *no pueden recibir perdón* en este mundo, ni en el venidero, y si tuviesen sus ojos abiertos para ver su verdadera condición, estarían perfectamente dispuestos a **hacer** *que su sangre sea derramada* en el suelo, para que el humo de la misma pueda ascender al cielo como una *ofrenda por sus pecados*; y el incienso *expiaría* sus pecados, mientras, que si no fuese ese el caso, quedarán adheridos a ellos y permanecerán sobre ellos en el mundo espiritual.

''Yo sé, cuando escuchan *a mis hermanos* hablar *acerca de* **cortar a las personas de la faz de la tierra,** *que consideran que es doctrina fuerte, pero es para* **salvarlos,** *no para destruirlos...*

''Aun más, yo sé que hay transgresores que, si se conocieran a sí mismos, y la *única condición* sobre la que pueden obtener perdón, *rogarían a sus hermanos que derramasen su sangre*, de manera que el humo de la misma pueda ascender a Dios como una *ofrenda* para aplacar la ira que se ha encendido contra ellos, para que la ley siga su curso. Diré más: *he tenido a hombres que se me han acercado a ofrecer sus vidas para expiar por sus pecados.*

''Es verdad que la sangre del Hijo de Dios fue derramada por los pecados... cometidos por los hombres, *pero los hombres pueden cometer pecados para los cuales nunca hay remisión.* Y como fue en los tiempos antiguos, así es en nuestros días; y aunque los principios se enseñan públicamente desde este estrado, la gente aún no los comprende; no obstante la ley sigue siendo la misma. Hay pecados que pueden ser **expiados** por una ofrenda sobre un altar, como en los días antiguos; y hay pecados que la sangre de un cordero, un becerro o palomas, no pueden remitir, sino que *deben ser expiados por la sangre del hombre.* Esta es la razón por la cual hay hombres que hablan de esta manera desde este estrado; ellos entienden *la doctrina* y dejan salir algunas palabras. A ustedes *se les enseñó esa doctrina*, pero no la

-E.J.

entienden'' (Sermón por Brigham Young, *Journal of Discourses*, t. 4, pp. 53-54; *Desert News*, 1856, p. 235).

¿Pueden los individuos ser salvos en sus pecados, sin arrepentimiento ni confesión?

Respuesta bíblica: *Hech. 16:30-31; Hech. 3:19-20.*

Respuesta de los mormones:

Brigham Young declaró:

"Supongamos un caso. Supongamos que usted encuentra a su hermano en cama con su esposa, y los atraviesa a ambos con una lanza, usted estaría justificado, y ellos harían expiación por sus pecados, y serían recibidos en el reino de dios. Yo lo haría inmediatamente en un caso así; y en tales circunstancias, *no tengo esposa que ame tanto que no atraviese su corazón con una jabalina, y lo haría con manos limpias...*

''No hay hombre o mujer, quien viole los pactos hechos a su Dios, que no se le requiera pagar la deuda. La sangre de Cristo nunca borrará eso, *su propia sangra debe expiarlo...*'' (*Journal of Discourses*, t. 3, p. 247).

¿Qué dice la iglesia en el presente? José Fielding Smith, historiador oficial de la Iglesia Mormona en años recientes, ha sido su ''vocero'' por muchos años por medio de sus escritos. El dice:

''Pero los hombres pueden cometer ciertos pecados graves... que los pondrán *fuera del alcance de la sangre expiatoria de Cristo...* Por lo tanto, su única esperanza está en hacer que *su propia sangre sea derramada en expiación...*'' (*Doctrines of Salvation*, t. 1, pp. 134-135).

¿Significa esto que ha de derramarse la sangre de los individuos?

José Fielding Smith hace esta declaración tocante a la doctrina de la ''expiación por sangre'':

"Sólo una o dos palabras sobre *el tema de la expiación por sangre*. ¿Qué es esta doctrina? Sin contaminación, poniendo a un lado las insinuaciones perniciosas y las acusaciones falsas que tantas veces se han hecho, es sencillamente esto: A través de la expiación de Cristo toda la humanidad puede ser salva, por la obediencia a las leyes y reglamentos del Evangelio...

"Pero el hombre puede cometer ciertos pecados graves, de acuerdo a la luz y el conocimiento que tenga, que lo *colocarán fuera del alcance de la sangre expiatoria de Cristo. Si entonces hubiere de ser salvo, tendría que sacrificar su propia vida para expiar* —tan bien como pudiera— por ese pecado, porque la sangre de Cristo *sola* bajo ciertas circunstancias no *será suficiente*" (*Id.*, pp. 133-134).

Bruce McConkie, del Primer Consejo de los Setenta, declaró lo que sigue en su libro, *Mormon Doctrine*: "Bajo ciertas circunstancias hay *algunos pecados serios* para los cuales *no es eficaz la limpieza de Cristo*, y la **ley de Dios es que los hombres derramen su propia sangre para expiar por sus pecados...**" (p. 87).

B. H. Roberts, quien era historiador de la Iglesia Mormona, describió la doctrina de la expiación por sangre como sigue: "Lo que se necesita para la *salvación del alma cuando los pecados de uno lo han colocado **más allá** de los medios vicarios de salvación, es **el derramamiento de la propia sangre del pecador...**" (*A Comprehensive History of the Church*, por B. H. Roberts, t. 4, p. 129).

¿Es esto amor?

Respuesta bíblica: *1 Juan 4:8-10, 19-21*.

La respuesta de los mormones:

Esto es amar a su hermano: "Suponga que lo toman en una falta gruesa... que él sabe que le impedirá la exaltación... que no podrá lograrla *sin derramar su sangre*, y también sabe que si derrama su sangre, expiará ese pecado, y será salvado y exaltado con los dioses, ¿habrá en esta casa un hombre o una mujer que no diga 'derramen mi sangre para que pueda ser salvado y exaltado con los dioses'?

"*¿Amará usted* a ese hombre o mujer lo suficiente como para *derramar su sangre*? Podría mencionarles *muchas ocasiones* en las que los hombres fueron muertos *justamente*, para *expiar* sus *pecados*... la maldad e ignorancia de las naciones prohíben que se ponga en práctica este principio, pero *llegará el momento* cuando la ley de Dios tenga plena vigencia.

"*Esto es amar a nuestro prójimo como a nosotros mismos*; si necesita ayuda, ayúdelo; y si quiere salvación, y es necesario *derramar su sangre*... para que sea salvo, **derrámela**... *es la manera de amar a la humanidad*" (Profeta Brigham Young en un discurso dado el 8 de febrero de 1857. Publicado en *Desert News*, 18 de febrero, 1857, también en el *Journal of Discourses*, t. 4, pp. 219-220).

Los Nazarenos

La Iglesia Nazarena surgió de las Asociaciones de Santidad de los Estados del este de los Estados Unidos y en California. Fue organizada en Chicago en 1907 y ha crecido hasta tener más de 300.000 miembros en los Estados Unidos. Destacan vigorosamente la misión de la iglesia y mantienen ocho universidades y un seminario teológico. Los nazarenos son cristianos conservadores y fundamentalistas y creen:

1. La Biblia es la Palabra inspirada de Dios.

2. La segunda venida de Cristo literal.

3. La salvación por la fe en Cristo solamente.

4. La inmortalidad del alma.

5. El tormento eterno.

6. La santidad del domingo.

7. La abstención del alcohol y el tabaco.

8. La separación del mundo y un estilo de vida conservador.

9. El bautismo por inmersión.

Los nazarenos son cristianos fundamentalistas que sostienen elevadas normas morales y éticas. Creen que la Biblia es la Palabra inspirada de Dios y la aceptan como un imperativo moral para la vida. Creen firmemente que Dios hizo nacer su movimiento para elevar nuevamente las normas morales del cristianismo. Se perciben a sí mismos como reformadores. Sus altas normas cristianas son dignas de admiración, no obstante su reforma no ha sido completa. Sin admitirlo, aún retienen los errores gemelos de la inmortalidad del alma y la santidad del domingo. Al trabajar con este grupo, prepárese para dar un estudio bíblico completo sobre temas tales como la ley, el sábado y el cambio del día de reposo, la caída de

Babilonia, por qué hay tantas denominaciones, y también sobre el surgimiento profético del adventismo. Nuestro mensaje profético y una comprensión de *Apocalipsis 10, 12, 14, 17* y *18* tendrán un poderoso impacto sobre los nazarenos.

Algunas doctrinas que tenemos en común con los nazarenos

1. La Biblia es la Palabra de Dios.

2. La Trinidad o Deidad.

3. La salvación únicamente por Cristo.

4. La segunda venida de Cristo.

5. La santificación.

6. La necesidad de la oración y una vida devocional.

Algunos malentendidos doctrinales de los nazarenos y cómo contestarlos con la Biblia

1. **La santidad del domingo:** La creencia de que debido a que Jesús resucitó de los muertos en el primer día, todos los cristianos debieran adorar en ese día.

   (Ver *Gén. 2:1-3; Exo. 20:8-11; Eze. 20:12-20; Luc. 4:16; Mat. 24:20; Hech. 13:42-44; Apoc. 1:10; Mat. 12:8; Luc. 6:5; Isa. 66:22-23.*)

2. **La inmortalidad del alma:** La creencia que cada individuo tiene un alma inmortal, indestructible e independiente del cuerpo, al cual abandona en ocasión de la muerte para ir al cielo o al infierno.

   (Ver *1 Tim. 6:15-16; Gén. 2:7; Ecl. 12:7; Job 27:3; Sal. 146:4; 6:5; 115:17; Juan 11:11-14.*) Recuerde que la Biblia utiliza la palabra "alma" 1.600 veces y que nunca la califica como "alma inmortal". La Biblia se refiere 53 veces a la muerte como a un sueño.

3. **El tormento eterno:** La creencia de que Dios castiga a los perdidos en el infierno por toda la eternidad.

   (Ver *Mal. 4:1-3; Sal. 37:10-11, 20, 38; Jud. 7; 2 Ped. 2:6; Apoc. 20:9; Heb. 12:29.*)

Para acercarse a los nazarenos

1. Establezca una amistad estrecha y Cristocéntrica.

2. Destaque la salvación únicamente por Cristo, la necesidad de apoyar cada enseñanza con la Biblia, y el pronto regreso de Cristo.

3. Comparta un estudio sobre la caída del cristianismo, la apostasía dentro de la iglesia y el plan de restauración de Dios.

4. Los nazarenos responderán positivamente a los estudios de las profecías de *Daniel* y *Apocalipsis*.

5. Estudie *Apocalipsis 14*, repasando el mensaje de los tres ángeles paso a paso.

Los Pentecostales

Al pentecostalismo a menudo se lo llama la "tercera potencia" en el cristianismo junto al catolicismo tradicional y el protestantismo histórico. Los pentecostales están creciendo rápidamente alrededor del mundo. Con más de 10 millones de miembros en no menos de 15 asambleas principales y gran cantidad de grupos independientes pequeños, los pentecostales destacan el bautismo del Espíritu Santo acompañado del don de lenguas (glosolalia), sanidad milagrosa y los dones carismáticos de la iglesia primitiva. El movimiento pentecostal actual comenzó en los Estados Unidos como un brote del movimiento de santidad de la última parte del siglo XVIII y la primera parte del XIX. El crecimiento del pentecostalismo durante el siglo XX es uno de los fenómenos más extraordinarios del cristianismo moderno. Los pentecostales se encuentran en todo el mundo, con grandes concentraciones en América del Sur, Centroamérica, Africa y los Estados Unidos. Los pentecostales están creciendo incluso en la Europa secular. En una época de formalismo en las denominaciones protestantes principales, la espontaneidad, el gozo y el fervor de los cultos pentecostales atraen a miles. Desechando liturgias elaboradas, intentan adherirse a la simplicidad de la iglesia primitiva. A veces sus cultos —que incluyen testimonios, lenguas y sanidad— llegan a rayar en el desorden.

Algunas doctrinas que tenemos en común con los pentecostales

1. La Biblia como la única regla de fe y práctica.

2. La salvación por medio de la sangre de Cristo.

3. El hecho de que Jesús regresará pronto.

4. El bautismo por inmersión.

5. La Cena del Señor (algunos practican el rito del lavamiento de los pies).

6. El nacimiento virginal de Jesús.

7. Los dones del Espíritu manifestados en la iglesia actual, incluyendo el don de profecía bíblico.

Algunos malentendidos doctrinales de los pentecostales y cómo contestarlos con la Biblia

1. **El rapto secreto:** La creencia de que Cristo regresará en secreto antes de la tribulación (plagas) para arrebatar o raptar a su iglesia, dejando a los perdidos sobre la tierra para enfrentar las plagas.

   (Ver *1 Tes. 4:16-17; 2 Tes. 1:7-9; Mat. 13:30; Luc. 17:26-37; Apoc. 19:12-21; Mat. 24:27; Sal. 50:3; Apoc. 1:7.*)

2. **La inmortalidad del alma:** La creencia que cada individuo tiene un alma inmortal, indestructible e independiente del cuerpo, al cual abandona en ocasión de la muerte para ir al cielo o al infierno.

   (Ver *1 Tim. 6:15-16; Gén. 2:7; Ecl. 12:7; Job 27:3; Sal. 146:4; 6:5; 115:17; Juan 11:11-14.*) Recuerde que la Biblia utiliza la palabra "alma" 1.600 veces y que nunca la califica como "alma inmortal". La Biblia se refiere 53 veces a la muerte como a un sueño.

3. **Una vez salvo, siempre salvo:** La creencia que una vez que un individuo viene a Cristo nunca podrá perder su salvación.

   (Ver *1 Cor. 15:1-2; 2 Ped. 2:20-22; 1 Cor. 9:27* [la palabra "eliminado" que se utiliza aquí, es la misma palabra que se usa en *Jeremías 6:30* y se traduce "desechado"]; *Heb. 4:4-7; Apoc. 3:5; Fil. 4:3.* Cuando aceptamos a Cristo, nuestros nombres son colocados en el Libro de la Vida. Siendo que pueden borrarse, es posible que aquellos que una vez aceptaron a Jesús, después lo rechacen.)

173

4. **La santidad del domingo:** La creencia de que debido a que Jesús resucitó de los muertos en el primer día, todos los cristianos debieran adorar en ese día.

   (Ver *Gén. 2:1-3; Exo. 20:8-11; Eze. 20:12-20; Luc. 4:16; Mat. 24:20; Hech. 13:42-44; Apoc. 1:10; Mat. 12:8; Luc. 6:5; Isa. 66:22-23.*)

5. **Hablar en lenguas:** Una señal de la presencia del Espíritu Santo es la manifestación de dichos extáticos (el idioma del Espíritu Santo) que no son comprensibles por el orador sino sólo por Dios. La mayoría de los pentecostales creen que sin lenguas no hay bautismo del Espíritu Santo.

   a. Explique a su amigo pentecostal que usted cree en el don de lenguas bíblico, genuino y auténtico.

   b. Demuestre que es Dios quien escoge la persona que recibe un don particular. Los dones son distribuidos individualmente por Dios como él lo cree mejor *(1 Cor. 12:11)*.

   c. Señale que no todos reciben el don de lenguas. Las lenguas son sólo un don de una larga lista de dones, y uno de los menores *(1 Cor. 12:27-31)*.

   d. El amor es más importante para Dios que las lenguas o la profecía *(1 Cor. 13:1-2)*.

   e. La señal de la plenitud del Espíritu Santo es un corazón amante que desea testificar por Jesús *(Hech. 1:6-8)*.

   f. Las lenguas no son dadas específicamente para que los creyentes se edifiquen a sí mismos, sino como una señal para confirmar a los incrédulos de la autenticidad del Evangelio *(1 Cor. 14:22)*.

   g. Las lenguas son un lenguaje real dado por Dios para quebrantar las barreras del idioma y comunicar el Evangelio *(Hech. 2:4-11)*.

h. En *1 Corintios 14* Pablo argumenta a favor de discursos inteligentes, no una jerigonza incomprensible *(1 Cor. 14:7-9)*.

i. El apóstol sugiere las siguientes condiciones si se usan las lenguas en la iglesia.

(1) Sólo una persona puede hablar a la vez. No debe haber arranques espontáneos con gran número de personas hablando a la vez *(1 Cor. 14:26-27)*.

(2) No más de dos o a lo más tres personas deben hablar en cualquier culto o servicio *(1 Cor. 14:26-27)*.

(3) Debe haber un intérprete del idioma extranjero, de manera que toda la congregación reciba el beneficio de lo que se dice y participen juntos en el culto de adoración *(1 Cor. 14:28)*.

j. La plenitud del Espíritu Santo se derrama sobre aquellos que obedecen amorosamente la verdad de Dios *(Hech. 5:32; Juan 14:15-16)*.

Para acercarse a los pentecostales

1. Al acercarse a sus amigos pentecostales, hable abiertamente de su amor por el Señor.

2. Comparta con ellos su experiencia personal con Jesús como la fuente de su seguridad de vida eterna. Señale que la Palabra de Dios debe ser la base de nuestra fe *(Juan 17:17)*.

3. Nuestras emociones no son confiables. Suben y bajan. Satanás puede manipularlas. Incluso puede falsificar los milagros genuinos o las señales y maravillas de Dios con la intención de engañar a los seres humanos *(Mat. 24:24; Apoc. 16:13-14)*.

4. Algunos dirán que Cristo ha obrado poderosamente en sus vidas. Incluso expulsarán demonios en su nombre, pero él les dirá ''Nunca os conocí'' *(Mat. 7:21-23)*.

5. La fe debe fundarse en la Palabra escrita de Dios, si habrá de perdurar *(Mat. 7:24)*.

6. Nuestra única salvaguardia está en conocer la Palabra de Dios y vivir de acuerdo a su verdad *(Isa. 8:20)*.

7. La verdad es lo que nos libra del error *(Juan 8:32)*.

8. Fue el Espíritu Santo quien inspiró la Biblia *(2 Ped. 1:21)*.

9. Ser lleno del Espíritu Santo significa aceptar las palabras de Jesús como las mías propias *(Juan 6:63)*.

10. El mayor milagro de todos es el de un corazón transformado *(Juan 3:2-7)*.

11. Buscar milagros espectaculares mientras se rechaza la verdad es antibíblico *(Luc. 16:27-31)*.

12. Nuestra salvaguardia contra el engaño es recibir la verdad de Dios revelada en las Escrituras *(2 Tes. 2:9-12)*.

Los Presbiterianos

Los presbiterianos atribuyen su origen al período de la Reforma y las enseñanzas de Juan Calvino. El concepto de Calvino sobre la soberanía de Dios, combinado con su comprensión de la justificación por la fe, lo condujo a la creencia de que Dios había elegido a algunos para salvación y a otros para maldición. En el plan prediseñado de Dios, algunos serían salvos y otros se perderían. Su concepto de la soberanía de Dios también lo llevó a hacer una distinción clara entre la Iglesia y el Estado. Calvino creía en la tolerancia religiosa para todas las personas.

Actualmente hay unos 4.500.000 presbiterianos en los Estados Unidos. Su sistema de gobierno eclesiástico le da autonomía a las congregaciones locales permitiéndoles funcionar independientemente. Una junta de presbíteros, nombrada por un grupo de congregaciones, es la que ordena e instala a todos los ministros. El Sínodo supervisa a los Presbiterios. El cuerpo que dirige la Iglesia Presbiteriana es la Asamblea General, formada por pastores y delegados laicos de los Presbiterios.

Los presbiterianos basan su comprensión de la verdad en la confesión de Westminster de 1649. En 1967 se adoptó una confesión de fe más liberal que destaca la importancia del amor, la paz y lo que Dios ha hecho al reconciliar al mundo consigo mismo por medio de Cristo. Actualmente la Iglesia Presbiteriana, como la mayoría de las iglesias protestantes principales, ha suavizado significativamente su posición previa dando menos relevancia a la Biblia.

Algunas doctrinas que tenemos en común con los presbiterianos

1. La inspiración de la Biblia (aunque algunos ministros presbiterianos liberales dudan la integridad de las Escrituras).

2. La Trinidad o Deidad.

3. Vida eterna por medio de Jesucristo.

4. El nacimiento virginal.

5. El cielo.

6. La segunda venida literal de Cristo.

Algunos malentendidos doctrinales de los presbiterianos y cómo contestarlos con la Biblia

1. **La predestinación:** El concepto general de que Dios ha predestinado a algunas personas para que sean salvas y a otros para que se pierdan. Esta doctrina niega la justicia de Dios, su amor y el libre albedrío *(1 Tim. 2:3-5; 2 Ped. 3:9; Apoc. 22:17).* Es verdad que Dios tiene un plan para cada individuo. Este plan prediseñado ofrece la salvación a toda la humanidad. Los individuos tienen la oportunidad de decidir si aceptarán este plan.

2. **La santidad del domingo:** La creencia de que debido a que Jesús resucitó de los muertos en el primer día, todos los cristianos debieran adorar en ese día.

   (Ver *Gén. 2:1-3; Exo. 20:8-11; Eze. 20:12-20; Luc. 4:16; Mat. 24:20; Hech. 13:42-44; Apoc. 1:10; Mat. 12:8; Luc. 6:5; Isa. 66:22-23.*)

3. **La inmortalidad del alma:** La creencia que cada individuo tiene un alma inmortal, indestructible e independiente del cuerpo, al cual abandona en ocasión de la muerte para ir al cielo o al infierno.

   (Ver *1 Tim. 6:15-16; Gén. 2:7; Ecl. 12:7; Job 27:3; Sal. 146:4; 6:5; 115:17; Juan 11:11-14.*) Recuerde que la Biblia utiliza la palabra ''alma''

1.600 veces y que nunca la califica como "alma inmortal". La Biblia se refiere 53 veces a la muerte como a un sueño.

4. **La inspiración de la Biblia:** Debido a que algunos presbiterianos tienen un concepto confuso de la inspiración de la Biblia, los siguientes textos pueden ayudar a probar su autoridad.

(Ver *2 Tim. 3:16; 2 Ped. 1:21; Isa. 34:16; Sal. 119:105; Juan 17:17; 2 Sam. 7:28; Prov. 12:6-7.)*

5. **La ley fue abolida en Cristo.**

(Ver *Mat. 5:17-18; Juan 13:14; Rom. 6:13-14; 3:28-31; Sal. 40:8; Heb. 8:10; 1 Juan 2:3-6; Sant. 2:10-17.)*

Para acercarse a los presbiterianos

1. Demuestre un genuino afecto cristiano, tacto y ternura.

2. Comparta artículos o libritos acerca del amor de Dios o sobre un tema de interés actual que pueda ser una señal del fin.

3. Haga preguntas tales como las siguientes:

   a. ¿Cómo entiende la crisis del Medio Oriente?

   b. ¿Puede entender lo que está ocurriendo actualmente?

   c. Si Dios es un Dios de amor, ¿por qué permite que tantos inocentes sufran?

   d. ¿Alguna vez se ha preguntado acerca del futuro de nuestro mundo?

   e. ¿Tiene usted la certeza personal de obtener la vida eterna? Si muriera esta noche, ¿tiene usted la confianza de que viviría con Cristo para siempre?

4. Sugiera que la Biblia provee respuestas para nuestras preguntas más profundas y las necesidades más íntimas del corazón humano.

5. Invite a su nuevo amigo a comenzar una serie semanal de estudios bíblicos para explorar las profecías de la Biblia para nuestro tiempo y para contestar los grandes interrogantes de la vida.

La Iglesia de Dios de la Radio
(Grupo de Herbert W. Armstrong)

El nombre *Iglesia de Dios* es utilizado por más de 200 denominaciones independientes en los Estados Unidos. Básicamente se ha utilizado este nombre para indicar que estas iglesias han sido congregadas por el poder de Dios, sin retener los errores de las iglesias de la reforma que surgieron de la Iglesia Católica. Generalmente dan importancia a las prácticas de la iglesia del Nuevo Testamento; en particular a los milagros, las lenguas y el bautismo del Espíritu Santo. La Iglesia de Dios del Séptimo Día surgió del movimiento adventista de mediados del siglo XIX. Rechazó el nombre Adventista del Séptimo Día cuando esta iglesia fue organizada entre 1860 a 1863. Un grupo más pequeño prefirió el nombre Iglesia de Dios. Herbert W. Armstrong dejó la Iglesia de Dios del Séptimo Día en 1930 para comenzar la Iglesia de Dios de la Radio, ahora conocida como la Iglesia de Dios Mundial (World-wide Church of God). Su revista *La Pura Verdad* circula libre de costo entre millones de personas. La iglesia también patrocina el Ambassador College (Colegio del embajador) y el Curso Bíblico por correspondencia del Ambassador College.

Algunas doctrinas que tenemos en común con la Iglesia de Dios de la Radio

1. La inspiración de la Biblia.

2. La segunda venida de Cristo.

3. El estado de los muertos y la aniquilación de los impíos.

4. La aceptación de las leyes bíblicas concernientes a la salud y la alimentación.

5. La observancia del sábado.

6. La aceptación del principio de los diezmos.

Algunos malentendidos doctrinales de la Iglesia de Dios de la Radio y cómo contestarlos con la Biblia

1. La creencia de que **Cristo reinará sobre la tierra durante el milenio** y que las plagas serán castigos que obligarán a los impíos a someterse.

   (Ver *Apoc. 19:11-21; 20:1-10; Juan 5:28-29; Jer. 4:23-26; 25:33.*) La palabra *ábussos* en *Apocalipsis 20:1* es la misma palabra que se traduce "desolada y vacía" en *Génesis 1:1-2* y *Jeremías 4:23*. Significa un lugar de desolación. Para el momento preciso en que ocurren las plagas vea *Apocalipsis 15:1, 8; 16:12-21.*

2. La Iglesia de Dios de la Radio **continúa observando las fiestas judías** tales como la Pascua, el pan sin levadura, las primicias, etc. En el día 14 de *Nisan* en el calendario judío, observan la Pascua combinada con el lavamiento de los pies.

   (Para mostrar cómo estas fiestas se cumplieron en Cristo vea *Col. 2:14-17; 1 Cor. 5:7-8; Gál. 4:1-11; 3:26-29.*)

3. La Iglesia de Dios de la Radio cree que **Cristo fue crucificado el miércoles**, basándose en que Jesús dijo: "Porque como estuvo Jonás en el vientre del gran pez tres días y tres noches, así estará el Hijo del Hombre en el corazón de la tierra tres días y tres noches" *(Mat. 12:40; Jon. 1:17).*

   a. Jesús utilizó varias expresiones para describir su resurrección. Dijo que "*en tres días*" habría de levantarse *(Mat. 26:61; 27:40; Mar. 14:58)*, "*después de tres días*" *(Mat. 27:63)*, y "*el tercer día*" *(Mat. 16:21; 17:23; 20:19; 27:64; Mar. 9:31; 10:34; Luc. 9:22; 18:33; 24:7, 21, 46)*. Las expresiones "en tres días" y "después de tres días" deben armonizarse con la expresión más común "el tercer día". Jesús no resucitó después de tres períodos de 24 horas, sino, como lo había declarado, "el tercer día".

b. El método común de contar el tiempo en la antigüedad era inclusivo. Incluía el día en que comenzó el período de tiempo particular y el día en que terminó, no importa cuán pequeña era la fracción de tiempo al comienzo o al final del día que estaba incluida. La Biblia muestra varios períodos de tres días que terminaron, no después, sino durante los tres días.

(Ver *Gén. 42:17-19; 1 Rey. 12:5, 12; con 2 Crón. 10:5, 12*.)

c. La evidencia clara de la Biblia es que Jesús fue crucificado el viernes y resucitó el domingo.

(Ver *Mar. 16:9; Luc. 24:1, 13, 21, 46; 23:54 a 24:1*.)

Para una explicación más completa de este tema vea en inglés el *Seventh-day Adventist Source Book*, t. 9, pp. 248-251.

Para acercarse a los miembros de la Iglesia de Dios de la Radio

1. Desarrolle una amistad estrecha con ellos.

2. Comparta su testimonio y su relación personal con Jesús. Muchos seguidores de Armstrong tienen fuertes tendencias legalistas. Haga hincapié en las cosas que el cristiano *sí* puede hacer. Necesitan la certeza de la salvación en Jesús.

(*1 Juan 5:11-12; Juan 1:12; Rom. 3:25-31; 6:14-15; Efe. 2:8*.)

3. Estudie la importancia del mensaje de los tres ángeles. La mayoría son buenos estudiantes de la Biblia y responderán bien a un estudio sobre las verdades más profundas del Apocalipsis.

4. Cuando se acerque a temas como el milenio, la observancia de las fiestas judías, o la teoría de la

crucifixión, hágalo con tacto nacido del amor divino.

5. El libro *Creencias de los Adventistas del Séptimo Día*, que contiene nuestras 27 creencias fundamentales es excelente para este grupo.

Los Secularistas

El secularismo es la búsqueda activa de los valores materiales en la vida o una posición filosófica que desecha a Dios. Cuando se describe en términos negativos, el secularismo es la carencia de un interés visible en Dios, la Biblia, la religión o los valores espirituales. El estudio bíblico, la oración, la asistencia a la iglesia y las actividades religiosas en general no son importantes. El dinero, las modas, las posesiones, el alcohol, las drogas, el sexo y los deportes han reemplazado a Dios en la mente del secularista. El lema del secularista se resume en las palabras "¡vive el presente!", lo que significa "disfruta de la vida en su plenitud". Los secularistas pueden dividirse en por lo menos cuatro grupos específicos:

1. *El Intelectual Secular*: El individuo estudioso que tiene dudas sobre la inspiración de la Biblia, la existencia de Dios y la religión organizada.

2. *El Obrero Secular*: El trabajador de fábrica que labora arduamente toda la semana y sólo desea descansar, beber cerveza y mirar la televisión durante el fin de semana.

3. *El Ex Religioso Secular*: El activista social cuyos padres eran miembros de iglesias organizadas, pero que cree que la iglesia no responde a las necesidades actuales. Se preocupa por la pobreza, la paz, el racismo y la justicia social; pero tiene poco interés en Dios. Los secularistas a menudo se interesan en la ética moral del cristianismo, pero rechazan al Cristo del cristianismo.

4. *El Materialista Secular*: El joven profesional cuyos objetivos en la vida son tener una hermosa casa, un empleo bien pagado, un automóvil de último modelo y vacaciones excitantes. Los valores materiales son lo más importante en su vida y las posesiones provocan su mayor pasión.

Para acercarse a la mente secular

Cada ser humano responde a la amabilidad. La amistad genuina quebranta los prejuicios. Usted no ganará a los secularistas para Cristo discutiendo con ellos. Cada ser humano percibe necesidades en su vida. Estas necesidades son áreas en las que el individuo siente que necesita ayuda. Pueden incluir la necesidad de tener una mejor salud (dejar de fumar, una dieta baja en grasas, reducir la tensión, etc.), la necesidad de tener un matrimonio feliz, un empleo más satisfactorio, una buena amistad, la necesidad de comprensión e incluso la necesidad de ser perdonado, o de tener paz interior. Busque áreas en la vida de su amigo secular en las que se adviertan estas necesidades e intente satisfacerlas. Observe cómo se derrumban los muros del prejuicio. Busque la oportunidad de compartir lo que Jesús significa personalmente para usted.

Tres acercamientos concretos

1. Comparta el plan de salvación con sencillez y afecto:

   a. Dios creó un mundo perfecto *(Gén. 1:28)*.

   b. Adán y Eva perdieron el Edén por culpa del pecado *(Gén. 3:1-5)*.

   c. El pecado nos separa de Dios *(Isa. 59:1-2)*.

   d. La paga del pecado es muerte *(Rom. 6:23)*.

   e. Debido a que todos pecaron, todos merecen morir eternamente *(Rom. 3:23; 5:18)*.

   f. Por medio de Jesús podemos recibir el don de la vida eterna *(Juan 3:16; Efe. 2:8; 2 Cor. 5:21)*.

2. Comparta algunas de las grandes profecías de la Biblia como evidencia de la veracidad de la Biblia:

   a. *Daniel 2*: Babilonia, Medo-Persia, Grecia, Roma, las divisiones de Roma, la venida de Jesús.

   b. El lugar natal de Jesús: Belén *(Miq. 5:2)*.

   c. Ciro fue nombrado 150 años antes de su nacimiento *(Isa. 44:28; 45:1-2)*.

   d. La profecía de la destrucción de Tiro *(Eze. 26:1-4, 19-21)*.

   e. Egipto quedaría desolado *(Eze. 29:1-9)*.

3. Sugiera que la evolución no es un hecho comprobado, sino una hipótesis. Hay tres leyes científicas que la evolución invalida:

   a. La ciencia declara que la vida engendra vida. La evolución afirma que —con suficiente tiempo y las condiciones adecuadas—, una materia sin vida puede producir organismos vivos.

   b. La ciencia declara que los organismos siempre producen algo similar a ellos mismos. La evolución dice que hay eslabones entre los tipos o especies de animales. No hay evidencia científica concreta para tal afirmación.

   c. La ciencia declara que las cosas que se dejan solas tienden a desintegrarse (la segunda ley de la termodinámica). La evolución afirma que las cosas tienden naturalmente al orden.

Sólo la Biblia puede impartir significado a los grandes interrogantes de la vida. ¿Por qué estoy aquí? ¿De dónde vengo? ¿Dónde está mi destino? La Biblia revela que nos creó un Cristo amante. El guiará personalmente nuestras vidas. En él podemos estar seguros. Nuestro futuro eterno está en sus manos. Muéstrele a su amigo secular que sin Dios no hay esperanza, y que hay gran gozo en estar seguros en sus manos.

La investigación indica que la mayoría de los ex adventistas no abandonan la iglesia por razones doctrinales. Algunos lo hacen, pero no son la mayoría. Casi todos dejan la iglesia por causa de una de las siguientes razones:

1. Un conflicto con otro miembro o el pastor.

2. La percepción de que la iglesia ya no es importante en sus vidas y no responde a sus necesidades.

3. Se han desanimado consigo mismos porque no han podido vivir en armonía con las normas de la iglesia.

4. Un desinterés creciente en las cosas espirituales debido a la falta de una vida devocional y del estudio de la Biblia.

Cuando un individuo deja de asistir a la iglesia sin razón aparente, esto indica un problema espiritual. Si no se lo visita inmediatamente para darle la oportunidad de discutir sus problemas espirituales, es probable que resulte en apostasía. Debe tratársele con afecto, amistad y una solicitud amante para impedir la apostasía.

Señales de que una persona se está desanimando y/o está perdiendo interés en la iglesia

1. Asistencia espasmódica a la iglesia y a los cultos de oración.

2. Una actitud de crítica o una espíritu negativo.

3. Falta de fervor espiritual.

4. Un regreso a viejos hábitos (fumar, beber, pasatiempos mundanos).

5. Un descuido por las horas del sábado (ver televisión el viernes de noche, comprar el sábado de tarde, trabajar horas extra que caen dentro del sábado, etc.).

6. Desavenencia con miembros de iglesia y/o falta de participación en la vida social de la congregación.

Para acercarse a ex adventistas

1. Los ex adventistas usualmente no necesitan que los convenzan respecto a las doctrinas. Ciertamente tampoco necesitan que los condenen por su forma actual de vivir. No se muestre sorprendido por su estilo de vida. La mayoría ya siente las punzadas de la culpa. Más condenación sólo provocará hostilidad.

2. Demuestre amor, aceptación y preocupación genuina.

3. Comience con tópicos de interés general haciendo preguntas tales como:

    a. ¿Ha vivido en esta comunidad por algunos años?

    b. ¿Está casado o soltero? ¿Tiene hijos?

    c. ¿Trabaja usted cerca de su casa? ¿En qué se ocupa?

    Estas preguntas generales le darán una base para relacionarse con la otra persona sin resultar amenazante. Hágalas con ternura y amor, mostrando un profundo interés en el sujeto.

4. Proceda a entrar en temas religiosos por medio de las siguientes preguntas:

    a. Entiendo que usted visitaba la Iglesia Adventista con regularidad. ¿Hace cuánto tiempo fue eso?

    b. ¿Fue miembro por algunos años?

    c. Hay diferentes razones por las que las personas dejan de asistir a la iglesia. Algunas se desaniman por su propia cuenta, otras resultan heridas por otros miembros o el pastor, y otros sienten que la iglesia no responde a sus necesidades. ¿No le gustaría compartir conmigo por qué fue que dejó de asistir? Me interesa mucho saberlo.

d. Escuche atentamente. Haga preguntas. No juzgue ni a los individuos ni a la iglesia. Haga comentarios tales como: ''Puedo entender por qué se siente así''.

e. Después de escuchar con cuidado, comparta lo que Cristo significa para usted. Describa su misericordia increíble, su perdón maravilloso y su poder para transformar vidas. Cite textos tales como *Miqueas 7:18-19; Hebreos 8:12; 1 Juan 1:9*. Destaque el hecho de que, a la luz del pronto regreso de Jesús, Dios está llamando a sus hijos sufridos de vuelta a su iglesia. Oren juntos y dígale que quisiera verlo nuevamente la próxima semana. A menudo no es sabio invitarlo a regresar a la iglesia en la primera visita. Cada vez que una persona dice que no, se le hace más fácil hacerlo por segunda vez.

f. Asegúrese de regresar a la siguiente semana tal como prometió. No le falle a su nuevo amigo aplastando su nuevo brote de fe. En su segunda visita continúe escuchándolo. Comparta promesas bíblicas llenas de esperanza tales como *Salmos 32:1-2, 8 y 40:1-2*. Invite a su nuevo amigo a comer. Comparta con él o ella un ejemplar de *El camino a Cristo*, particularmente las páginas que tratan del amor de Dios y de su deseo de contestar nuestras oraciones.

g. Para su tercera visita planee invitar a su nuevo amigo a algún programa de la iglesia. Usualmente prefiero invitarlos a un programa social o una reunión evangelística o seminario, antes de invitarlos para el culto del sábado en la mañana. Ofrézcale transportación. Se sentirá más cómodo si usted lo acompaña que si va solo.

h. En la cuarta visita comparta comentarios positivos que han hecho otros acerca de su presencia en la iglesia. Déjele ver que sus antiguos amigos están verdaderamente contentos de que ha regresado. Anime a otras personas que lo conocen a hacerle una llamada para expresarle su gozo de verlo nuevamente en la iglesia. Continúe invitándolo a asistir a la iglesia. Los ex adventistas son un campo muy fructífero para obtener resultados extraordinarios. Ya tienen algunos amigos en la iglesia. Se han apartado por causa de chascos, conflictos o problemas personales. Esperan una invitación amante, solícita y sincera para regresar.

Los Adventistas del Séptimo Día tienen lazos estrechos con los Bautistas del Séptimo Día. Una bautista del séptimo día, Raquel Oaks Preston, compartió la verdad del sábado con José Bates, quien la aceptó después de estudiar la Biblia cuidadosamente. Los primeros adventistas milleritas observaron el domingo hasta que reestudiaron el tema del sábado bíblico, después de recibirlo de los bautistas del séptimo día. Los bautistas estudiosos de la Biblia mantuvieron la verdad del sábado a través de los años de la Reforma. Se establecieron en los Estados Unidos a fines del siglo XVII en Newport, Rhode Island. Actualmente tienen unos 5.000 miembros en los Estados Unidos con una feligresía mundial total de cerca de 50.000. La autoridad administrativa de la iglesia está concentrada en una Asociación General; sin embargo, cada congregación local funciona como un cuerpo independiente que tiene gran libertad en lo que enseña y practica.

Una de las diferencias mayores entre los bautistas del séptimo día y los adventistas es su urgencia profética. Los adventistas del séptimo día se ven a sí mismos como el remanente de *Apocalipsis 12:17*, con una comisión especial de su Señor para proclamar el mensaje del fin del tiempo que se encuentra en *Apocalipsis 14:6-12*. Es este mensaje de los últimos días el que da fervor evangelístico al movimiento adventista, y le ha permitido crecer hasta alcanzar una feligresía mundial de siete millones de miembros.

Algunas doctrinas que tenemos en común con los bautistas del séptimo día

1. La Biblia es la Palabra inspirada por Dios.

2. La Trinidad o Deidad.

3. El nacimiento virginal de Jesús.

4. Salvación únicamente a través de Cristo.

5. La observancia del sábado bíblico.

6. El bautismo por inmersión.

7. El regreso literal de Cristo (aunque algunos aceptan la doctrina del rapto secreto).

Algunos malentendidos doctrinales de los bautistas del séptimo día y cómo contestarlos con la Biblia

1. **Una vez salvo, siempre salvo:** La creencia que una vez que un individuo viene a Cristo nunca podrá perder su salvación.

   (Ver *1 Cor. 15:1-2; 2 Ped. 2:20-22; 1 Cor. 9:27* [la palabra "eliminado" que se utiliza aquí, es la misma palabra que se usa en *Jeremías 6:30* y se traduce "desechado"]; *Heb. 4:4-7; Apoc. 3:5; Fil. 4:3:* Cuando aceptamos a Cristo, nuestros nombres son colocados en el Libro de la Vida. Siendo que pueden borrarse, es posible que aquellos que una vez aceptaron a Jesús, después lo rechacen.)

2. **La inmortalidad del alma:** La creencia que cada individuo tiene un alma inmortal, indestructible e independiente del cuerpo, al cual abandona en ocasión de la muerte para ir al cielo o al infierno.

   (Ver *1 Tim. 6:15-16; Gén. 2:7; Ecl. 12:7; Job 27:3; Sal. 146:4; 6:5; 115:17; Juan 11:11-14.*) Recuerde que la Biblia utiliza la palabra "alma" 1.600 veces y que nunca la califica como "alma inmortal". La Biblia se refiere 53 veces a la muerte como a un sueño.

3. **El tormento eterno:** La creencia de que Dios castiga a los perdidos en el infierno por toda la eternidad.

   (Ver *Mal. 4:1-3; Sal. 37:10-11, 20, 38; Jud. 7; 2 Ped. 2:6; Apoc. 20:9; Heb. 12:29.*)

4. **El rapto secreto:** La creencia de que Cristo regresará en secreto antes de la tribulación (plagas) para arrebatar o raptar a su iglesia, dejando a los perdidos sobre la tierra para enfrentar las plagas.

(Ver *1 Tes. 4:16-17; 2 Tes 1:7-9; Mat. 13:30; Luc. 17:26-37; Mat. 24:27; Sal. 50:3; Apoc. 1:7.*)

Para acercarse a los bautistas del séptimo día

1. Muéstrese de acuerdo en los puntos que tenemos en común. Declare su fe y su entrega a Jesús. Exprese su creencia en que la salvación es por gracia y únicamente a través de la fe.

2. Pregunte si entienden el mensaje de Dios bosquejado en *Apocalipsis 14:6-12*. Comparta su convicción de que este capítulo contiene un mensaje tan importante para nuestros días como lo fue el mensaje de Noé para su día. Sugiera que podrían dedicar algún tiempo juntos para explorar el significado del mensaje profético.

3. Los bautistas del séptimo día tienen abundancia de literatura que intenta negar el don de profecía en los escritos de Elena G. de White. En algún momento debiera dar un estudio sobre el papel del don de la profecía en la iglesia de Dios de los últimos días utilizando textos tales como: *Efesios 4:8, 11-15; 1 Corintios 1:6-8; Apocalipsis 12:17; 19:10* y las pruebas de un verdadero profeta que se encuentran en *Deuteronomio 13:1-4; Isaías 8:20; Daniel 10:17; Jeremías 28:9* y *Mateo 7:15*. Sugiero que eviten los temas conflictivos al comienzo. Destaque los puntos que tenemos en común. Muchos bautistas del séptimo día quedarán fascinados con las profecías de *Daniel* y *Apocalipsis*. Algo sencillo y directo como *Daniel 2* entusiasmará a sus amigos bautistas del séptimo día.

El Poder de la Oración Intercesora

Los principios de este libro están diseñados para permitirle convertirse en un ganador de almas más efectivo. Ganamos las personas para Cristo, no sólo por lo que decimos, sino a raíz del impacto total que logra el Espíritu Santo al obrar en sus vidas a través de nosotros. Sin la presencia genuina del Espíritu Santo en nosotros, nuestras palabras no tendrán efecto.

El Evangelio de San Marcos describe el increíble poder de Jesús como ganador de almas. Las multitudes quedaron atónitas y declararon que "les enseñaba como quien tiene autoridad, y no como los escribas" *(Mar. 1:22)*. El secreto del poder de Jesús para ganar almas se encuentra en el *versículo 35*: "Levantándose muy de mañana, siendo aún muy oscuro, salió y se fue a un lugar desierto, y allí oraba".

El secreto del poder de Jesús era el secreto de la oración intercesora. Si usted desea ser un ganador de almas, el poder del cielo será suyo cuando ora de rodillas por cada individuo. Cuando oramos por otros, Dios nos da la sabiduría para alcanzarlos *(Sant. 1:5)*. Nos da las llaves que abrirán su corazón. Al orar, por medio de la influencia del Espíritu Santo, Dios obra en sus corazones en formas en que no lo haría si no hubiésemos orado.

En el gran conflicto universal entre el bien y el mal, Dios respeta la libertad humana. Brinda a cada uno de sus hijos la oportunidad de escoger. Por medio de los ángeles, la influencia del Espíritu Santo y las circunstancias providenciales de la vida, Dios está haciendo todo lo que puede para ganar la lealtad de los seres humanos, sin violar su libre albedrío.

Cuando presentamos a individuos específicos delante de Dios en una oración intercesora, él derrama su Espíritu Santo a través de nosotros para alcanzarlos. Nos convertimos en canales de su influencia; llegamos a ser conductos de su poder. El agua de vida del trono de Dios correrá a través de nosotros hacia las almas sedientas. En el conflicto entre el bien y el mal, ''forma parte del plan de Dios concedernos, en respuesta a la oración hecha con fe, lo que no nos daría si no se le pidiésemos así'' (*El conflicto de los siglos,* p. 580).

La sección que sigue le da la oportunidad de convertirse en un intercesor. En la columna de la izquierda escriba el nombre de la persona por la que está orando, o el pedido especial que tiene delante del Señor. En la columna de la derecha registre la respuesta de Dios. Lea estas promesas regularmente para fortalecer su fe: *Mateo 7:7; Marcos 11:24; 1 Juan 5:16.*

Diario de Oración

Pedido de Oración	**Respuesta de Dios**